Mon royaume tout entier est de ce
monde.

Camus

Je puis bien m'arrêter là — (honorai le terme) Non au delà
épuisé et par souvenir — Cette puissance de moi même a meilleur
mon effort et de la revue propre au bout de la marchons
dont été nourp de ma vie — même au pas de soulever
que pas maintenant si difficulté supporter. Ne pas céder
tout près. Ne pas contenter, ne pas trahir. Toute ma noblesse
m'y aide et le point où elle me porte, mon amour en y
repose et avec lui la puissance façon de non pas sait
le sens de ma pauvreté —

chaque fois que l'on (que l'on) cède a ses vanités — cha...
chaque fois qu'on peine et vit pour "paraître" on trahit. Chic
que dis, est pas le si malheur de vouloir paraître pas mé
demande en face de moi — N'est pas nécessaire pour...
de s'trouer aussenty, si seulement ceux qui m'aime —
Car ils ont été liés pour paraître — ils seulement sont
donner. Il n'y a t de face Vs un homme qui ne paraît
que trop ce le faut. Aller pas pourtant, c'est sois jard
ni secret. Jamais J'ai souffert d'être avec mes pour ami
garder mes secret, j'ai rammé la souffrance d'échec d'ul.
Et aujourd'hui que ce m'paraît pas de s'grande g'ser pi
ti noir avec ce qu'ai. Écrire, ma joie profonde

CAMUS

morvan lebesque

© Éditions du Seuil 1963. Toute reproduction interdite, y compris par microfilm. ISBN 2-02-000064-4

écrivains de toujours/seuil

L e lundi 4 janvier 1960, à 13 h 55, sur la route de Sens à Paris, au lieu dit Villeblevin, un passant entendit « un bruit terrible », vit un bolide d'acier se jeter sur un arbre... Albert Camus avait trouvé sa mort. La plus injuste, la plus absurde des morts : quand on le sortit de la voiture fracassée, on découvrit dans sa poche un billet de chemin de fer inutilisé. Au dernier moment, pour rentrer de Lourmarin à Paris, Camus avait choisi la route.

Ce petit livre a été fait de l'œuvre de Camus et de ses propos dans la douleur de l'amitié, quand le « bruit terrible » résonnait encore à nos oreilles. Les années écoulées sans lui, tous ces événements qu'il ne connut pas – et, premier de tous, la fin de la guerre d'Algérie – un mouvement bien naturel nous porte à nous demander : Qu'en eût-il pensé, ou plutôt : *Qu'en pense-t-il ?* Mais, au fond, ne le savons-nous pas ? Les faits se recopient avec la rigueur d'une machine duplicatrice et Camus avait donné, avant de partir, ses réponses à notre présent. C'en est au point que l'Histoire, parfois, semble obéir à sa vision. Les Grands Inquisiteurs sont entrés à Prague ; au Vietnam, au Biafra, l'homme brûle sur les bûchers allumés par l'homme, pour les religions et les politiques que Camus dénonçait ; la Société marchande a suscité la révolte *métaphysique* qu'il avait prévue ; le dogme marxiste a été remis en question quant aux chapitres qu'il nous désignait ; la Bourgeoisie de la Fonction poursuit ce règne qu'il décomposa en ses moindres rouages ; et il n'est pas jusqu'au « régionalisme » et à la résurgence, un peu partout, des ethnies qui ne trouvent leur définition dans ce qu'il écrivait sur la véritable unité, basée sur le respect et non l'écrasement des différences. Écoutons-le donc nous parler d'*aujourd'hui*. Et reconnaissons que bien peu d'auteurs obtiennent dans le difficile passage qui suit immédiatement leur mort, cette continuité d'audience, sans un seul fil rompu, un seul instant d'oubli.

Un bruit terrible ! Il a suffi d'un bruit terrible, et le voilà retourné à la joie de l'enfance ! Vous souvenez-vous de son rire ? Il riait sans raison parfois. Comme il était jeune ! Il doit rire maintenant, il doit rire, la face contre la terre !

Prière de l'absent

II

La pièce doit débuter en feu d'artifice, continuer en bouquet-flammes, s'achèvera en incendie. Alors, n'oubliez pas, les pompiers brûlent tous les feux.

LE SOLEIL ET L'HISTOIRE

Mon royaume tout entier est
de ce monde.

Noces

L'Algérie, fleur de sang au flanc de la France, conquise
d'aventure, peuplée au hasard, a provoqué la plus tragique
situation fausse de notre temps. La guerre à peine éteinte,
nous allons à la recherche d'un homme qui la ressentit plus
cruellement que tout autre. Et c'est de sa patrie, d'abord,
qu'il faut parler.

En 1963, l'Algérie est indépendante. En 1913 – année où
cet homme vit le jour – quiconque eût prédit l'événement,
on lui eût ri au nez. L'Algérie, alors, était calme et apparemment sans problèmes : on n'y évoquait même pas la possibilité de cette « interminable petite guerre en marge des grandes » qu'un historien avisé du second Empire prédisait à la
France pour le siècle suivant. Mi-province, mi-colonie, deux
peuples s'y côtoyaient, le conquérant et le conquis, situation
admise par tous, c'est-à-dire par le conquérant, le seul qui
comptât. Au surplus, si le mot *racisme* vient déjà sous notre
plume, donnons-lui toute sa dimension. Elle va bien au-delà
du mépris de l'indigène ou des turbulences antisémites
d'Alger au début du siècle. Comment appeler autrement que
racisme, par exemple, la discrimination sociale qui régnait

9

alors jusqu'en métropole ? Relisez les souvenirs de ce temps
(Guéhenno), voyez sous ces images jaunies le bourgeois
pansu et le prolétaire efflanqué, tâtez ces grilles, ces murs
garnis de tessons qui séparent le capital du travail ; méditez
sur ces dames patronnesses qui règlent le conflit social par
l'alibi de la charité tandis qu'une armée briseuse de grèves
se tient l'arme au pied depuis Cavaignac et traite l'ouvrier
parisien en fellagha. Tableau fané, il est vrai : la guerre de
14-18, folle entreprise déclenchée par la bourgeoisie contre
elle-même, ébranla ces valeurs absurdes. Nous en trouve-
rons pourtant le reflet dans l'Algérie contemporaine. Mêmes
privilégiés sans inquiétudes (des « tubes digestifs », disait
le président Sarraut), mêmes soldats au service des possédants,
mêmes distributions de vivres et de vêtements aux pauvres
afin de mériter – Camus s'en indignera – leur gratitude soumise. Simplement, en Algérie, la classe inférieure possède une
infériorité supplémentaire : son teint basané. Sa révolte ne
saurait donc être prise au sérieux, pas même par ses frères,
les « inférieurs » européens, fermes soutiens du capitalisme
colonial.

En 1913, l'Algérie vivait donc elle aussi sa Belle Époque ;
si le bicot d'Europe agitait parfois son drapeau rouge, le bicot
d'Afrique se taisait. C'était l'heure bénie dont jouissent les
imbéciles qui lèguent la tragédie à leurs fils. Comment les
Français d'Algérie eussent-ils pressenti l'avenir ? Soli-
dement adossés à la bonne conscience de la République,
pourquoi eussent-ils avancé leurs montres ? Sûrs de leur
droit de possession, ils n'éprouvaient même plus le besoin
de l'affirmer ; de s'affirmer eux-mêmes pas davantage, sinon
ainsi que croît une plante. On les aurait grandement surpris
en leur prédisant qu'un des leurs, écrivain universel, déli-
vrerait un jour un « message algérien » au monde. Un
« message » ? A quoi bon ? Ils ne songeaient qu'à être : vivre,
travailler, prospérer. Quant à l'esprit, il s'amusait du folklore
comme on se tape une anisette. A la rigueur, il se berçait
d'une molle attente ensoleillée : *On rencontre à Oran le
Klestakoff de Gogol. Il bâille, et puis : – Je sens qu'il va falloir
s'occuper de quelque chose d'élevé.*

L'Algérie de la Belle Époque...

Et pourtant non. Ce tableau est injuste, car il ignore les rudes réalités populaires. Cette Algérie de 1913, il nous plaît aujourd'hui de la représenter par un homme, et par un homme appelé Camus. Non pas Albert, mais son père, Lucien.

On sait peu de chose sur Lucien Camus, et cela est bien : sa vie tiendra en quelques mots, mais de chair et de sang. Vie exemplaire dans son humilité et, certes, pas plus algérienne que bretonne ou picarde : car, à part le soleil (il est vrai que c'est très important, son fils nous l'apprendra), en quoi la misère de Lucien Camus diffère-t-elle des misères de la métropole ? Il est né pauvre, et sait qu'il le restera ; ouvrier agricole, il obéit à des maîtres ; quand il se marie, c'est une femme de son rang qu'il choisit, une servante d'origine espagnole, Catherine Sintès, sœur de tous les Gomez et Hernandez poussés par la faim en Afrique. Elle a le temps de lui donner deux fils et, un an à peine après la naissance du second, le père va se faire tuer en France sous l'uniforme des zouaves.

Le père

A la Marne, le crâne ouvert. Aveugle et agonisant pendant une semaine... Il était mort au champ d'honneur, comme on dit.

Et maintenant, tout peut commencer. On enterre le mort avec beaucoup d'autres, très loin de son Afrique, au cimetière militaire de Saint-Brieuc où quarante-trois ans plus tard un Prix Nobel tout neuf viendra se recueillir. L'hôpital envoie à la veuve *un petit éclat d'obus retrouvé dans les chairs.* Puis, répondant sans doute aux offres de sa parenté, Mme Camus émigre de Mondovi à Alger. Elle n'a que sa pension et ses bras. Elle fera donc « des ménages » et, tout naturellement, pour abriter sa nichée, elle choisira un étroit logement du quartier populaire de Belcourt.

Belcourt, Bab-el-Oued... Il faut faire effort, remonter le temps. De ce passé pourtant encore si proche émergent des hommes que Camus a connus, aimés, et sur lesquels son témoignage garde une entière valeur. Qu'a-t-il donc vu, de ses yeux d'enfant ? Un Belcourt pacifique et joyeusement populaire, un quartier remuant, coloré, ivre de lui-même. A Belcourt, on se proclame plus qu'algérien, algérois, sans tendresse excessive pour les « sauvages » des autres villes ni, bien sûr, pour les « francaouis » ; on observe des coutumes strictes et des lois qui ne sont pas toutes écrites ; on parle le « pataouète » fleuri d'expressions surprenantes : « Mort des coqs ! Si je mens, que la peau me pèle et que la *fugure* me manque... » Tout cela rappelle le Marseille de Pagnol, ail, soleil, loquacité, un Marseille surexalté à la puissance dix. Mais quand on connaît un peu mieux ce quartier, une humanité plus précise se dégage des oripeaux du folklore. Et plus tard, l'adolescent lui rendra justice dans une page qu'on ne lit pas sans émotion car elle évoque un monde frappé de la foudre :

A Belcourt comme à Bab-el-Oued on se marie jeune. On travaille très tôt et on épuise en dix ans l'expérience d'une vie d'homme. Un ouvrier de trente ans a déjà joué toutes ses cartes. Ses bonheurs ont été brusques et sans merci. De même, sa vie. Et l'on comprend alors qu'il soit né dans ce pays où tout est donné pour être retiré... La notion d'enfer, par exemple, n'est ici qu'une aimable plaisanterie. Non que ces hommes manquent de principes. On a sa morale, et bien particulière. On ne « manque » pas à sa mère. On fait respecter sa femme dans les rues. On a des égards pour une femme enceinte. On ne tombe pas à deux sur un adversaire parce que « ça fait vilain ». Pour qui n'observe pas ces commandements élémentaires, « il n'est pas un homme », et l'affaire est réglée... Mais en même temps, la morale du boutiquier y est inconnue. J'ai toujours vu autour de moi des visages s'apitoyer sur le passage d'un homme encadré d'agents de police. Et avant de savoir si l'homme avait volé, était parricide ou simplement non conformiste : « Le pauvre », disait-on, ou encore, avec une nuance d'admiration : « Celui-là, c'est un pirate ».

Dans ces rues merveilleuses qui, tôt ou tard, avec ou sans

guerre, disparaîtront, l'Histoire courant à la « morale du boutiquier » sous diverses étiquettes, le petit Albert – celui que son
père a eu tout juste le temps de regarder avant de mourir –
grandit entre le logis maternel et l'atelier d'un oncle tonnelier. *Je pense à un enfant qui vécut dans un quartier pauvre.*
Ce quartier, cette maison ! Il n'y avait qu'un étage, et les esca-
liers n'étaient pas éclairés... Les soirs d'été, les ouvriers se mettent
au balcon. Chez lui, il n'y avait qu'une toute petite fenêtre.
On descendait alors des chaises sur le devant de la maison et
l'on goûtait le soir... Nuits d'été, mystères où crépitaient des
étoiles ! Il y avait derrière l'enfant un couloir puant et sa petite
chaise, crevée, s'enfonçait un peu sous lui. Mais, les yeux levés,
il buvait à même la nuit pure... En 1919, voici cet enfant,
costume marin et sandales, à la « communale » de Belcourt.
Il y reste jusqu'en 1924, année du certificat où les écoliers
de son rang social abandonnent le cahier pour l'outil. Par
chance, un homme s'oppose à ce destin ordinaire : son instituteur, M. Louis Germain, qui, frappé de ses dons, le
présente à l'examen des Bourses du secondaire.

La chose alla-t-elle aussi simplement qu'elle se relate ?
Probablement non : il régnait à cette époque dans le petit
peuple algérois un fort préjugé contre les études. On est pauvre, il faut travailler de ses mains ; et puis, ces descendants
de pionniers se méfiaient des intellectuels. Un ami de Camus
me raconta qu'il avait dû tout apprendre en cachette avec la
complicité peureuse de sa famille parce qu'un terrible grand-
oncle chef de clan menaçait d'un bon coup de fusil quiconque
mettrait du latin dans la tête de son petit-fils. Mme Camus
ne savait pas lire : comment reçut-elle la proposition de
l'instituteur ? L'important est qu'elle l'approuva.

Les lycées des années 25 ne ressemblaient pas tout à fait à
ceux d'aujourd'hui. La bourgeoisie les revendiquait hautement pour ses fils, et l'élève-boursier né dans le prolétariat
y faisait presque figure d'assisté. On lui demandait plus d'application, plus de sérieux qu'aux autres : on *payait pour lui.*
Chaque jour, l'élève Camus passait d'un monde à l'autre,
de Belcourt au lycée, du quartier des pauvres à l'école des
riches, des réalités tâcheronnes à l'euphorie désincarnée du

L'atelier de l'oncle tonnelier, 1920.

savoir. Il ne témoigna que d'un silence, celui qu'il trouvait en rentrant à la maison, cette *étrange indifférence* qu'il note chez sa mère, qui le fascine et qu'il découvrira bientôt en lui-même. Silence, solitude : *La mère de l'enfant restait silencieuse. En certaines circonstances on lui posait une question : « A quoi tu penses ? » – « A rien », répondait-elle. Et c'est bien vrai. Tout est là, donc rien. Sa vie, ses intérêts, ses enfants se bornent à être là, d'une présence trop naturelle pour être sentie... Elle ne pense à rien. Dehors, la lumière, les bruits ; ici le silence dans la nuit. L'enfant grandira, apprendra. On l'élève et on lui demandera de la reconnaissance, comme si on lui évitait de la douleur. Sa mère, toujours, aura ces silences. Lui, croîtra en douleur. Être un homme, c'est ce qui compte.*

Étrange et terrible affrontement. Face à face, l'adolescent qui pénètre par études et réflexions dans la grande explication des choses et la mère, calme, profonde, impénétrable et silencieuse comme la mer (Camus rapprochera très vite ces deux mots) qui, de toute éternité de misère et d'acquiescement, vit dans l'intimité des choses. D'un côté la révolte et de l'autre, à la fois la matière première de cette révolte et son dépassement. Gardons-nous pourtant, cette fois encore, de toute interprétation trop facile. Au seuil des années 30, il est vrai que Camus est déjà altéré de justice – justice sociale et justice tout court – et qu'il s'apprête à militer ; mais ce bouillonnement en lui ne détruit ni l'application au travail ni la joie de vivre. Camus n'est pas un rebelle porté à la révolte brouillonne et agressive. Le bachelier qu'il devient est avant tout un garçon heureux d'être, un bel adolescent brun, musclé, sportif, au type espagnol évident (et au moral aussi! cette *castillanerie* qui fera sourire son plus grand maître). Ce lycéen sérieux se destine aux Premières Lettres supérieures. Il s'intéresse au théâtre amateur et au football : le dimanche, en maillot ciel et blanc, il garde les buts du Racing universitaire. Et c'est un de ces dimanches qu'éclate le premier drame. Ce soir-là, en revenant en sueur d'un match âprement disputé, Camus prend froid, s'alite... Déchirure au poumon, puis tuberculose.

Gardien de but (au premier rang) du R. U. A.

Épiloguerons-nous sur le rôle de la maladie dans la personne et l'œuvre de Camus? Lui-même, dans le texte où il s'est le plus lucidement confié (la préface de *l'Envers et l'Endroit*, nouvelle édition, 1958), apporte ce commentaire : *Cette maladie sans doute ajoutait d'autres entraves, et les plus dures, à celles qui étaient déjà les miennes. Elle favorisait finalement cette liberté du cœur, cette légère distance à l'égard des intérêts humains qui m'a toujours préservé du ressentiment... J'en ai joui sans limite ni remords.* On peut croire cependant qu'elle lui fut d'une autre utilité : elle le fortifia dans sa méthode. Peu de gens furent plus méthodiques que Camus, plus disciplinés à leurs propres règles, et il n'est pas sacrilège de supposer qu'il dut pour une grande part cette rigueur à la nécessité, non seulement de s'accomplir avant une mort entrevue si jeune (et qui devait si malignement le berner) mais encore de se plier très tôt à de secrètes obligations de malade. En tout cas, il est un autre effet de cette maladie qui, lui, ne peut être mis en doute : elle brisa la carrière que Camus s'était assignée. Deux fois, pour se présenter à l'agrégation de philosophie, il dut passer un examen médical : deux fois, cet examen le rejeta de l'épreuve. Ainsi fut-il écarté de ce qui le guettait presque obligatoirement, l'enlisement professoral en métropole. A l'âge où se déterminent non seulement une vocation d'écrivain mais les thèmes de toute une œuvre, Camus se trouva contraint, d'abord de rester en Algérie, son terroir ; ensuite, d'entreprendre, pour vivre, un métier paradoxalement plus dangereux pour sa santé que celui d'enseignant, mais combien plus enrichissant : le journalisme.

Se fut-il « enlisé » sans cela ou, pour parler net, la génération littéraire des années 45, Sartre, Camus, Simone de Beauvoir, faillit-elle s'ériger en trinité de professeurs de philosophie ? Oui, tout porte à le croire. Sans doute, en 1937, Camus refusa un poste qu'on lui offrait au lycée de Sidi-bel-Abbès : mais c'était en 37, après d'autres expériences. En 1933, tout naturellement, le lycéen d'Alger rêvait encore de Paris et de la rue d'Ulm. Il travaillait dans ce but, il y croyait. Vers ces années, relate M. Jacques Heurgon, « certains professeurs de la Faculté des Lettres s'aperçurent qu'il leur était venu un

... Il était venu un étudiant de qualité très rare...
La khâgne du lycée d'Alger (au dernier rang, deuxième à partir de la droite).

étudiant de qualité très rare ». *Certains professeurs*, lisez surtout Jean Grenier. Ce que Camus doit à Grenier, il l'a proclamé maintes fois, non seulement dans ses écrits, mais par une amitié qui ne prit fin qu'à sa mort. De l'époque de cette rencontre date une photographie, le groupe traditionnel de la khâgne du lycée d'Alger. Sur cette photo, Camus, bien qu'au dernier rang, saute aux yeux : il est, à une exception près, le seul étudiant qui ne joue pas « à l'étudiant », qui ne soit pas affublé de calots, insignes et cravates puérilement folkloresques. Cet étudiant sans gris-gris n'admet pas encore que la maladie l'éloigne du professorat. Il prépare un diplôme d'études supérieures sur Plotin et saint Augustin. Il lit Épictète, Kierkegaard, Malraux, Gide, Proust, Dostoïevsky. Il contracte enfin deux engagements rapidement dénoués. Le premier est un mariage hâtif, tel que peut en faire un très jeune homme à la fois sensuel et idéaliste : mariage rompu en 1934. Le second est l'adhésion au Parti communiste. Deux ans plus tard, la carte est déchirée. Laval s'étant rendu à Moscou avait obtenu de Staline que les communistes français modifiassent leur politique de soutien des revendications musulmanes. Ordre au militant Camus de modifier *ipso facto* la sienne. Refus. Exclusion.

Marié et divorcé à vingt ans, rejeté par la maladie de l'Université, évadé de l'église politique où il avait cru trouver une famille, Camus s'offre encore le luxe de perdre le médiocre emploi de rédacteur qu'on a décroché pour lui à la Préfecture : ne lui reproche-t-on pas de renier, dans ses rapports, le « pur style administratif »? Que faire, donc? Attendre : subir la misère, la solitude. Camus, à ce moment, vit totalement l'aventure de l'écrivain bâtard, produit du désordre de son temps. En 1935, l'État n'a doté l'élève Camus que pour en faire un de ses érudits serviteurs. Prêtre mal portant du séminaire laïque, il retombe au-dessous du prolétariat et n'est plus qu'une promesse non tenue, un homme sans contrat ni métier. « Années dures », écrira sobrement un témoin, M. Emmanuel Roblès. Camus, c'est vrai, connaît la pire misère, celle du sans-travail. Il habite alors boulevard Saint-Saëns, au centre de la ville, « une chambre nue meublée seulement d'un long coffre qui lui sert à la fois d'armoire à linge et de lit. Des livres s'empilent par terre, contre les murs »... C'est dans cette chambre, j'aime à le croire, que Pascal Pia vint un jour lui proposer de fonder avec lui un journal : *Alger républicain*.

Un nouveau journal, un journal « pas comme les autres » : les temps, en effet, semblent s'y prêter. L'Algérie, comme la métropole, bouge. Tel un coin enfoncé dans l'Histoire, le Front populaire a coupé en deux la politique française. *Avant*, l'ordre bourgeois, basé sur une prospérité factice, mis en faillite par la terrible crise des années 30 ; *après*, les lois sociales, une quête éperdue de justice et de mieux-être pour tous. En Algérie pourtant (étouffement du projet Blum-Violette), le pas décisif ne sera pas accompli. Un détail dira tout : « Nous ne tolérerons jamais que dans la plus petite commune il y ait un Arabe pour maire. » (Déclaration d'une commission de colons algériens à M. C.-A. Julien, à Matignon, en 1936.)

Alger républicain, en avance d'un quart de siècle sur une

parole célèbre, croyait que cette Algérie était condamnée sans recours. Il croyait qu'on ne maintient pas éternellement un peuple en tutelle sur sa propre terre, que les immenses richesses des uns seraient tôt ou tard vaincues par l'immense pauvreté des autres, qu'à travail égal le salaire d'un Arabe devait être égal à celui d'un Européen, que l'enfant arabe avait droit à l'école et ses parents, aux lois sociales nouvellement édictées. Voilà ce dont était convaincu Pascal Pia, curieux et sympathique colosse au masque romain, grand buveur de café, exégète d'Apollinaire et, à ses heures perdues, mystificateur de gens de lettres. Camus, d'emblée, entra dans ses vues et accepta l'emploi de reporter qu'il lui offrit.

La carrière journalistique d'Albert Camus à *Alger républicain* fut dès le début difficile, dangereuse à tous égards et scandaleuse. Le journal, rival direct du puissant *Écho d'Alger*, futur organe des ultras, était pauvre et menacé de toutes parts. Pour lui épargner de trop lourdes notes de frais, Camus, négligeant sa santé, voyageait à la dure, se refusait l'hôtel, demandait l'hospitalité aux sympathisants. Tout de suite ses articles tranchèrent violemment sur ceux de la presse conformiste algérienne. J'en citerai seulement trois : *l'affaire Hodent* où il prouva qu'un malheureux commis de ferme était innocent du vol dont l'accusait un colon richissime, *l'affaire El-Okby* où il démontra l'innocence d'un musulman inculpé d'assassinat par ordre des Pouvoirs et pour des raisons uniquement politiques, et *l'affaire du La Martinière* où il s'éleva contre les conditions inhumaines du transport des forçats en Guyane. *Il ne s'agit pas ici de pitié, mais de tout autre chose. Il n'y a pas de spectacle plus abject que celui d'hommes ramenés au-dessous de la condition d'hommes.* C'est déjà le ton du « grand Camus », auquel se mêlera bientôt, dans la fameuse *Enquête en Kabylie*, une sorte d'humour glacé et douloureux – quand il évoquera, par exemple, toutes les bonnes raisons que se donne le colonat, non seulement pour éterniser la misère des musulmans, mais pour lui décerner un brevet de noblesse. En relisant ces articles, on admire leur pondération : ils ne disent que des choses raisonnables. Un thème les domine presque tous : celui du déracinement de l'Arabe dans sa propre patrie.

Dans le rôle d'Olivier le Daim (à gauche). Représentation de Gringoire *par la Compagnie théâtrale de Radio-Alger.*

Quant au style, Camus ne s'embarrasse pas d'une écriture particulière et ne fait aucune différence entre la presse et le livre : sa prose, naturellement noble, ne perd aucune précision à refuser le sensationnel journalistique et l'effet « en coup de poing ». Cependant le métier de reporter ne peut que lui inculquer le sens du concret et le dégoût de la formule hermétique. Camus écrit pour être compris, sans obscurités ni complaisance. Et, certes, on ne le comprend que trop bien. Dès 1938, des « voix indignées » s'élèvent en Algérie contre ce journaliste qui ne joue pas le jeu ; on le traite déjà en indésirable et on prédit que tôt ou tard il « aura un malheur ».

Magnifique insouciance de la jeunesse! Non seulement Camus ne redoute aucun « malheur », mais ses activités journalistiques ne lui suffisent pas. Cédant à son penchant pour le théâtre, il occupe ses loisirs à organiser une troupe d'amateurs. Cette compagnie – *l'Équipe* – s'inspire des principes de

Copeau. Peu de décors : l'acteur et le texte avant tout. Camus, c'est le cas de le dire, y joue tous les rôles : auteur, comédien, metteur en scène, machiniste, souffleur. Les représentations se donnent en plein air ou dans des petites salles de quartier. Au programme (très éclectique) : *la Célestine* de Rojas, *le Paquebot Tenacity* de Vildrac, *l'Article 330* de Courteline, *le Baladin du monde occidental*, de Synge, *le Retour de l'enfant prodigue* de Gide (dans lequel Camus, pour l'ultime évasion du fils puîné vers la liberté et la vie, invente une porte « très haute et très étroite »), enfin *les Frères Karamazov*, où il tient le rôle d'Ivan. Ces *Karamazov* sont un des sommets de l'entreprise : déjà Camus songe à adapter *les Possédés*. En attendant, il écrit *Révolte aux Asturies*, qui sera sa première œuvre publiée, et qu'il met en scène dans un style de recherche dramatique populaire. Car il ne peut plus douter de sa vocation multiple d'écrivain, pas plus qu'il ne doute du paysage algérien où elle a trouvé son essor.

Oui, en ces années de jeunesse dures, périlleuses, impatientes, tout est possible : non seulement l'instauration d'une franche communauté interraciale qui ferait de l'Algérie, carrefour de deux continents, la patrie d'un double enracinement et d'une fraternité exemplaire, mais l'éveil d'une personnalité à dimension universelle. Les Français d'Algérie sont plus grands qu'ils ne le croient : simplement, leur grandeur est en marge de ce qu'ils prennent pour elle. Ce petit peuple *sans traditions mais non sans poésie*, quelques écrivains : Jean Grenier, Claude de Fréminville (également imprimeur), René-Jean Clot (également peintre) et surtout Gabriel Audisio, auteur de *Jeunesse de la Méditerranée* et du *Sel de la mer*, ont compris qu'il avait son mot à dire ou, pour reprendre un terme déplaisant mais communément employé alors, qu'il portait un message. Cent ans après la conquête, l'heure n'est-elle pas venue de décrypter ce message ? De faire d'un hasard militaire une civilisation, de donner le pas, sur les pionniers du sol, aux pionniers de l'esprit ? L'entreprise, certes, est encore vague (dix ans plus tard, lorsque l'École d'Alger aura conquis Paris, on s'apercevra que, comme toutes les Écoles, parbleu! elle ne sert que la publicité de quelques écrivains mineurs, les autres se définissant simplement par eux-mêmes). Elle ne se réfère qu'à des mots : *jeunesse, mer, soleil,* dont on se grise éperdument. On sent bien toutefois que ces mots, ici, ont un sens plein, profond : réussira-t-on un jour à les rendre substantiels ? *Jeunesse, mer, soleil,* après tout, ces mots ont résonné en Grèce voilà des millénaires, et ce fut le départ d'une des plus grandioses aventures de l'humanité. Cette aventure, les premiers tenants de l'École d'Alger y croient de toutes leurs forces et, pour la revivre, ils ont déjà déniché l'essentiel, un mécène. Il s'appelle Charlot. Il est libraire, il se fait éditeur et publie à tour de bras tracts, plaquettes et manifestes. Une revue, aussi : *Rivages*. Quiconque cherche, quiconque devine qu'il va « se passer quelque chose » et désire furieusement en être, quiconque ressent intensément le lyrisme méditerranéen sans, hélas! trouver toujours le maître-verbe qui l'exprime, se rend chaque soir chez Charlot. Et l'un de ces soirs, comme il fallait s'y attendre, quelqu'un présente Camus. Soir historique : parmi les compagnons d'Ulysse, arrivée d'Ulysse en personne. Car Camus, lui, a *trouvé :* au long de son odyssée, dans les hasards de sa vie dure, dans ses joies et ses colères, dans les lignes de son destin comme dans celles de son paysage natal, le sens de sa pensée et de son œuvre.

Jeunesse, mer, soleil... Ajoutons-y l'*Histoire* et la *mort*. Et arrêtons-nous, vite, à cette première halte : Camus, à vingt-cinq ans, déjà rassemblé.

Une matinée liquide se leva, éblouissante sur la mer pure. Du ciel, frais comme un œil, lavé et relavé par les eaux, réduit par ces lessives successives à sa trame la plus fine et la plus claire, descendait une lumière vibrante qui donnait à chaque maison, à chaque arbre, un dessin sensible, une nouveauté émerveillée. La terre, au matin du monde, a dû surgir dans une lumière semblable. Avant tout, l'œuvre de Camus traduit le choc que tout homme reçoit en Algérie : un éblouissement, en effet.

On croirait une terre bénie des dieux, et Camus lui-même a succombé à la formule : *Au printemps, Tipasa est habitée par les dieux, et les dieux parlent dans le soleil et l'odeur des absinthes...* mais pour se reprendre aussitôt : *Bien pauvres sont ceux qui ont besoin de tels mythes... Qu'ai-je besoin de parler de Dionysos pour dire que j'aime écraser les boules de lentisque sous mon nez.* C'est que, en Algérie, les dieux n'existent pas. La nature algérienne semble se suffire à elle-même : peut-être le doit-elle à la situation du pays entre deux immensités dépeuplées : le Sahara et la mer. Dieux absents, que dis-je : Dieu absent. Car pas plus que Camus nous ne serons dupes des pieuses invocations en perles multicolores abandonnées au pourrissement dans les cimetières algérois : ici n'existe que la joie immédiate, légère de toute métaphysique. En ville, dès la fin du court hiver, hommes et femmes n'ont qu'une hâte : courir vers les plages et s'offrir au soleil. *Ce qu'on peut aimer à Alger, c'est ce dont tout le monde vit : la mer au tournant de chaque rue...* Capitale de l'instant, Alger est bien en cela la porte de l'Afrique, de cet immense continent où plus l'on s'enfonce, plus l'on se rend compte avec stupeur que l'avenir n'y a pas de sens, au point que les indigènes ne comprennent pas le missionnaire qui leur parle de « vie future ». *Il faut sans doute vivre longtemps à Alger pour comprendre ce que peut avoir de desséchant l'excès de biens naturels. Il n'y a rien ici pour qui voudrait apprendre, s'éduquer et devenir meilleur. (...) Les hommes trouvent ici pendant toute leur jeunesse une vie à la mesure de leur beauté. Et puis, après, c'est la descente et l'oubli. Ils ont misé sur la chair et ils savaient qu'ils devaient perdre. A Alger... pour qui a perdu sa jeunesse, rien où s'accrocher et pas un lieu où la mélancolie puisse se sauver d'elle-même.*

L'instant, le provisoire : l'heure de midi suspendue dans le ciel. *Que signifient ici les mots d'avenir, de mieux-être, de situation ?* Ne faut-il pas plutôt s'abandonner à l'heure, s'enfuir en elle comme on se baigne dans la mer ? *Grande mer, toujours labourée, toujours vierge, ma religion avec la nuit !* Qu'est-ce que la mer ? Proudhon le souffle à Camus : c'est la Liberté. Écoutons Camus entonner l'hymne à la mer et à la liberté, le cantique de l'engloutissement joyeux :

Il me faut être nu et plonger dans la mer, encore tout parfumé des essences de la terre, laver celle-ci dans celle-là et nouer sur ma peau l'étreinte pour laquelle soupirent lèvre à lèvre, depuis si longtemps, la terre et la mer. Entré dans l'eau, c'est le saisissement, la montée d'une glu froide et opaque, puis le plongeon dans le bourdonnement des oreilles, le nez coulant et la bouche amère – la nage, les bras vernis d'eau sortis de la mer pour se dorer dans le soleil et rabattus dans une torsion de tous les muscles ; la course de l'eau sur mon corps, cette possession tumultueuse de l'onde par mes jambes – et l'absence d'horizon. Sur le rivage, c'est la chute dans le sable, abandonné au monde, rentré dans ma pesanteur de chair et d'os, abruti de soleil, avec de loin en loin un regard pour mes bras où les flaques de peau sèche découvrent, avec le glissement de l'eau, le duvet blond et la poussière de sel.

Ainsi chantait Camus à Tipasa. Tipasa est une ville romaine en ruine sur laquelle se sont greffés des villages de pêcheurs. Un chemin emprunte les rues anciennes ; les colonnes, couleur de pin, y remplacent les eucalyptus ; les tamaris et les absinthes poussent entre les sarcophages. Camus s'y rendait souvent mais n'y restait jamais qu'un jour, par ce besoin précoce de mesure que lui avait déjà enseigné la sagesse méditerranéenne et qui lui commandait de ne pas gaspiller ses plaisirs. Ce qu'il venait chercher dans ce paysage, il ne l'a point caché : d'abord, la joie, la seule joie de vivre. Car *il n'y a pas de honte à être heureux et j'appelle imbécile celui qui a peur de jouir.* Au commencement de tout est la volupté : *Que d'heures passées à écraser les absinthes, à caresser des ruines, à tenter d'accorder ma respiration aux soupirs tumultueux du monde !* Ici, Camus comprend pour la première fois que *tout son royaume est de ce monde* et qu'il ne *s'approchera jamais assez de lui.*

Je comprends ici ce qu'on appelle gloire : le droit d'aimer sans mesure. Il n'y a qu'un seul amour en ce monde. Étreindre un corps de femme, c'est aussi retenir contre soi cette joie étrange qui descend du ciel vers la mer. Tout à l'heure, quand je me jetterai dans les absinthes pour me faire entrer leur parfum dans le corps, j'aurai conscience, contre tous les préjugés, d'accomplir une vérité qui est celle du soleil et qui sera aussi celle de ma mort. Dans un sens, c'est bien ma vie que je joue ici, une vie à goût de pierre chaude, pleine des soupirs de la mer et des cigales qui commencent à chanter maintenant. La brise est fraîche et le ciel est bleu. J'aime cette vie avec abandon et je veux en parler avec liberté : elle me donne l'orgueil de ma condition d'homme. Pourtant, on me l'a souvent dit : il n'y a pas de quoi être fier. Si, il y a de quoi : ce soleil, cette mer, mon cœur bondissant de jeunesse, mon corps au goût de sel et l'immense décor où la tendresse et la gloire se rencontrent dans le jaune et le bleu. C'est à conquérir cela qu'il me faut appliquer mes forces et mes ressources. Tout ici me laisse intact, je n'abandonne rien de moi-même, je ne revêts aucun masque : il me suffit d'apprendre patiemment la difficile science de vivre qui vaut bien tous les savoir-vivre.

« Joie et vie », conclura le lecteur pressé. Qu'il prenne

garde à cet autre accord qui est venu si naturellement sous la plume de Camus : *mort* et *soleil.*

A partir d'une certaine ligne de pluie, de vent et de froid, le soleil parle uniquement de vie : « Mehr Licht ! » Et pourtant, plus on descend vers le sud, plus on rencontre la mort à chaque pas, effrayante et familière. C'est dans le nord seulement qu'elle fait des grâces aux poètes : le soleil, faiseur de charognes, nous la montre, lui, sans mensonge. Camus plus que tout autre ressentit cette évidence et que la lumière *à force d'épaisseur coagule l'univers et ses formes dans un éblouissement obscur.* En 1937, profitant d'un billet à tarif réduit, il fit le voyage de Florence : les cimetières hantent le récit qu'il en tira. A Fiesole, dans la splendeur de l'été, une tête de mort sur la table des franciscains fascinait ses regards. Et peut-on l'imaginer ailleurs qu'à Alger, cette vieille femme de *l'Envers et l'Endroit* qui attend patiemment son heure devant son propre caveau funéraire, le seul luxe et la seule récompense de sa vie ?

C'est le soleil, autant que la maladie, qui apprit à Camus qu'il était mortel. Qu'il était condamné tôt ou tard à cette *aventure horrible et sale* contre laquelle il se révoltait de tout son être : *Je disais non. Je disais non de toutes mes forces.* Révolte inutile : toute vie – les pierres tombales l'enseignent – est « col sol levante, col sol cadente ». *Mais aujourd'hui encore, je ne vois pas ce que l'inutilité ôte à ma révolte, et je sens bien ce qu'elle lui ajoute.*

Soleil levant, soleil couchant. Un jour, plus ou moins long, plus ou moins accompli, de joies, d'émerveillements, de certitudes : ce monde est bien mon royaume et j'y suis heureux – et puis, la nuit, la mort, et demain, pour d'autres, un autre éveil et un autre anéantissement. Mais le soleil enseigna à Camus une autre vérité – une vérité qui allait magnifier son œuvre et le dresser à contre-courant des écrivains de sa génération.

Vers le soir, après de longues flâneries sur le rivage de Tipasa, après de longues promenades sur les coteaux avoisinants *(j'apprenais à respirer, je m'intégrais et je m'accomplissais)*, Camus regagnait un jardin public au bord de la route. Là, *au sortir du tumulte des parfums et du soleil*, regardant *la campagne s'arrondir avec le jour*, sans doute malgré la joie d'avoir pleinement exercé son *métier d'homme*, d'avoir *bien rempli son rôle*, c'est-à-dire d'être entré, tel un comédien, *dans un dessin fait à l'avance* et qu'il *avait fait battre avec son propre cœur* – sans doute, alors, dressait-il le bilan des étonnantes contradictions de la mer et du soleil. La vie, la mort : ce n'était là une ligne brisée qu'en apparence. En réalité, c'était une continuité, une continuité supérieure, terrible et indéchiffrable, dans laquelle il se fondait tout entier, épousant l'univers, et de laquelle pourtant il serait un jour exclu et rejeté. Et puis, il y avait une autre énigme. A Tipasa, il pouvait bien *entrer dans les fêtes de la terre et de la beauté*, se gorger de sublime tragique, ressentir intensément cette *entente de la terre et de l'homme délivré de l'humain – ah! je m'y convertirais bien si elle n'était déjà ma religion!* au point d'éprouver la tentation de nier tout autre effort, y compris celui de la création artistique – *Accomplir quoi ? O lit amer, couche princière, la couronne est au fond des eaux!* – malgré tout, il le savait, la journée était finie. Et il lui fallait, tout simplement, « rentrer ». Revenir en ville, « le maillot de bain encore humide roulé au poing », tel que le rencontreraient ses amis. Retrouver le quartier des pauvres, *la toile cirée et la lampe* et s'inscrire dans un espace précis, dans un temps précis. *Lever, tramway, quatre heures de bureau ou d'usine, repas, tramway, quatre heures de travail, repas, sommeil et lundi, mardi, mercredi, jeudi, vendredi et samedi sur le même rythme.* Il fallait, en un mot, retrouver la misère.

Non qu'elle le gênât beaucoup. Quiconque a approché Camus sait à quel point il était détaché des richesses. Il était de ceux, comme on dit, auxquels elles ne tiennent pas aux doigts. Lui-même, sans forfanterie, s'en est expliqué : *Je rencontre parfois des gens qui vivent au milieu de fortunes que je ne peux même pas imaginer. Il me faut cependant un effort pour comprendre que l'on puisse envier ces fortunes... J'ai appris... une vérité qui m'a toujours poussé à recevoir les signes du confort ou de l'installation avec ironie, avec impatience et quelquefois avec fureur. Je ne sais pas posséder... Je suis avare de cette liberté qui disparaît dès que commence l'excès des biens... J'aime la maison nue des Arabes ou des Espagnols. Le lieu où je préfère vivre et travailler (et, chose plus rare, où il me serait égal de mourir) est la chambre d'hôtel.* Mais on a déjà compris que s'il n'appliquait guère à lui le mot *misère*, il ne l'enfermait pas davantage dans un sens étroit. La misère, pour lui, était un signe de la condition humaine, le signe de tous les combats qu'il fallait mener contre ces forces aveugles, illogiques : l'injustice, l'oppression. Le signe des *faits*, en bref : l'Histoire.

Impossible de tricher avec l'Histoire. Fils de la mer et du soleil, toi qui te veux cousin des Grecs et les invoques, tu es né Algérien, d'un ouvrier agricole et d'une servante : le premier *contemporain* rencontré dans la rue te ramène à la solidarité. Car l'Histoire existe, incarnée par ce jeune ouvrier aux cheveux gominés ou cette vieille femme seule avec sa lampe : et aussi réelle et importante que la Continuité élé-

La mère...

mentaire. L'Histoire, c'est *l'effort désespéré des hommes pour donner corps aux plus clairvoyants de leurs rêves.* La société a reconnu en elle son exigence supérieure, et a fait d'elle sa déesse. Elle est dure, impitoyable, exclusive, ô combien ! « Que me font les malheurs d'*Iphigénie,* notait déjà Gœthe, alors que les tisserands de Weimar meurent de faim ? » Encore écrivait-il *Iphigénie,* et il trouva le loisir de la polir et de l'achever, sans doute en fermant sa fenêtre. Mais aujourd'hui, la fenêtre fermerait mal, et la plainte des tisserands interromprait le bel ouvrage. Il faut choisir : à un certain degré d'efficacité – au-dessous de quoi rien n'est sérieux – on ne peut être à la fois poète et militant.

Le génie de Camus fut, au contraire, de prouver qu'il n'y avait pas à choisir. Plus précisément, il nous rappela – et nous en avions grand besoin! – qu'il y avait deux parts dans l'homme : la part d'éternité et la part d'histoire. Toutes deux distinctes, toutes deux exigeant d'être assumées sous peine de mutilation : celle que se sont infligée tant d'écrivains français entre 1940 et 1960, les uns figés dans « l'art pour l'art », les autres dans la seule efficacité – d'ailleurs bien relative. Ce qui conduisit Camus à cette conclusion, ce fut naturellement la pratique du « Connais-toi toi-même ». Il n'avait pas tardé à mesurer la part de richesse que contenait sa misère. Avec un peu d'étonnement, d'abord : *Je vivais dans la gêne, mais aussi dans une sorte de jouissance...* Analyse : *Ce n'était pas la pauvreté qui ferait obstacle à mes forces : en Afrique, la mer et le soleil ne coûtent rien.* Développement : *La pauvreté, d'abord, n'a pas été un malheur pour moi : elle a toujours été équilibrée par les richesses de la lumière...* Aboutissement : *Un point extrême de pauvreté rejoint toujours le luxe et la richesse du monde... Il y a une solitude dans la pauvreté, mais une solitude qui rend son prix à chaque chose.*

De là à s'en contenter, à jouer les « pauvres lumineux » satisfaits de leur sort et à décréter que, les autres pauvres étant logés à la même enseigne, tout est en somme pour le mieux dans le meilleur des mondes, il n'y avait qu'un pas à franchir. Mais Camus était trop lucide pour tomber dans cette autre « morale de boutiquiers ». Sous ses yeux, l'évidence solide :

Le bonheur demande une disposition à laquelle la pauvreté prépare moins qu'à une mort silencieuse. Et : *Quinze mille francs par mois, la vie d'atelier, et Tristan n'a plus rien à dire à Yseult.* Il ne s'agit pas de chanter « Que de richesse en cette pauvreté ! » comme le gentleman Faust sur l'air du suave Gounod. Pour que Tristan ait quelque chose à dire – c'est capital, c'est l'amour : le monde entier s'y trouve en jeu – il faut lui en donner les conditions, il faut donc faire l'Histoire. *On n'y échappe pas,* on y est *jusqu'au cou.* Mais jusque dans l'Histoire, *on peut prétendre à lutter pour préserver cette part de l'homme qui ne lui appartient pas.* Car *il y a l'Histoire et il y a autre chose, le simple bonheur, la passion des êtres, la beauté naturelle,* toutes *racines que l'Histoire ignore* et qui demandent qu'on mène pour elles un combat parallèle au combat historique. C'est une double victoire qu'il nous faut obtenir ; sinon, rien que défaite sur les deux plans.

Même mes révoltes ont été éclairées par la lumière. Elles furent presque toujours, je crois pouvoir le dire sans tricher, des révoltes pour tous, et pour que la vie de tous soit élevée dans la lumière. Il n'est pas sûr que mon cœur fût naturellement disposé à cette sorte d'amour. Mais les circonstances m'ont aidé. Pour corriger une indifférence naturelle, je fus placé à mi-distance de la misère et du soleil. La misère m'empêcha de croire que tout est bien sous le soleil et dans l'Histoire, le soleil m'apprit que l'Histoire n'est pas tout. Changer la vie, oui, mais non le monde dont je faisais ma divinité. C'est ainsi, sans doute, que j'abordai cette carrière inconfortable où je suis, m'engageant avec innocence sur un fil d'équilibre où j'avance péniblement sans être sûr d'atteindre le but. Autrement dit, je devins un artiste, s'il est vrai qu'il n'est pas d'art sans refus ni consentement.

Près de vingt ans après cette méditation de Tipasa, Camus revint hanter la ville en ruine. Une guerre avait passé sur le monde, et Tipasa en portait des stigmates absurdes : barbelés, « interdiction de circuler après l'heure », gardien en uniforme. Ce changement apparut à Camus comme le symbole de la page d'histoire que les peuples venaient de vivre, de la révolution sanglante que la roue des jours venait d'accomplir. Il y avait participé et se retrouvait à présent là, devant ces

pierres, ces sarcophages, ces rivages, cette mer, fidèle à la *double vérité* qui lui avait été enseignée à cet endroit même. L'Histoire, le Soleil, oui, il avait donné à chacun sa part. *Je n'ai rien renié du pays où je suis né et cependant je n'ai rien voulu ignorer des servitudes de mon temps.* Il avait pleinement et lucidement suivi sa voie ; il s'était pleinement et lucidement consacré à ces deux forces, *même et surtout quand elles semblaient contradictoires.* Il avait fait dans les deux sens le chemin qui va *des collines de l'esprit aux capitales du crime.* Il était demeuré fidèle à une double mémoire : *la beauté, les humiliés.* Et, il en était de plus en plus persuadé, *refuser une part de ce qui est, c'est se refuser soi-même à être. C'est accepter de vivre par procuration.*

Double vérité, double force, double mémoire : c'était toute l'harmonie humaine que le jeune Albert Camus avait tirée de la leçon du soleil et de la mer. Ainsi s'avançait-il au seuil de sa carrière, « artiste », certes ! mais d'abord homme complet vivant à la fois dans son *temps mortel* et dans tous les autres ; capable d'exprimer ce qui est éternel et de faire de l'Histoire au jour le jour ; en possession, enfin, de cette haute sagesse enseignée par le soleil aux Grecs, que ce qu'on nomme progrès n'est pas une ligne droite ascendante mais un mouvement circulaire, inépuisable. Harmonie, ô harmonie... Seulement, dans l'admirable mécanique crissait un grain de sable : ce détail relégué au début de toute méditation et que le lecteur a peut-être oublié : Dieu n'existe pas, ou plutôt : Dieu est inimaginable et n'a même pas à être imaginé. Absence de Dieu et même du désir de Dieu. Et puisque ce monde est sans raison ni aboutissement, sans dessin ni dessein, puisque aucune volonté ne l'anime, puisque l'éternité est vide – alors, méditez, agissez, aucun de vos vains bruits ne vous rendra jamais assez sourds pour ne pas entendre crisser le grain de sable dans la machine. Jusqu'à ce que vous le reconnaissiez. L'admettiez. Et lui donniez son nom.

Ce grain de sable – mais non, ce n'est pas un grain de sable, c'est le moteur même – il a un nom, en effet : il s'appelle l'Absurde.

Tipasa.
Que signifient ici les mots d'avenir, de mieux-être, de situation?

> Le bourreau étrangla le cardinal Caraffa
> avec un cordon de soie qui se rompit : il fal-
> lut y revenir deux fois. Le cardinal regarda
> le bourreau sans daigner prononcer un mot.
>
> STENDHAL, *la Duchesse de Palliano.* *

Le 2 septembre 1939 devait être un grand jour pour Camus. Ce jour-là, en effet, il partait en vacances avec sa fiancée, Francine Faure, sa future seconde femme – et voguait vers la Grèce, terre de son désir, voyage si longtemps rêvé... C'est du moins ce que lui promettait un billet de bateau, acheté de nombreux jours à l'avance et pieusement serré dans son portefeuille.

Le 2 septembre 1939, il n'y eut pas de départ ébloui pour la Grèce : rien qu'une convocation à l'équipe du journal, sommée de se rendre en hâte au Gouvernement Général afin d'y recevoir les consignes toutes fraîches de la censure en temps de guerre. Camus obéit en maugréant : cela ne le concernait pas, il avait l'intention de s'engager. Il comptait sans sa maladie qui, une fois de plus, le fit refuser pour le service.

La guerre a parfois du bon. Elle permet, entre autres, aux Pouvoirs de mater certains esprits rebelles en se vengeant de leur attitude du temps de paix. Dès le début de celle-ci, il

---

* Inscrit par Albert Camus en épigraphe de *Noces.*

apparut clairement qu'*Alger républicain* allait payer cher ses sentiments libéraux. Il jouait, si l'on peut dire, de malchance. Quelques mois à peine avant les « événements », n'avait-il pas publié, signée A. Camus, cette fameuse *Enquête en Kabylie* qui dénonçait le dénuement, la famine et l'inculture de tout une province ? *Par un petit matin, j'ai vu à Tizi-Ouzou des enfants en loques disputer à des chiens le contenu d'une poubelle...* Voilà des lignes qu'on n'oublie pas, ni les suivantes : *A mes questions, un Kabyle a répondu : « C'est tous les matins comme ça. » – Dans la région de Djémaa-Saridj, les hommes (Arabes) sont payés 8 à 10 francs, et les femmes, cinq francs par jour. – Autour de Michelet, le salaire agricole moyen est de 5 francs, plus la nourriture, pour dix heures de travail. Mais on retient directement sur cet argent, et sans prévenir les intéressés, l'arriéré des impôts. Les retenues atteignent parfois la totalité du salaire. – Neuf cent mille enfants indigènes se trouvent actuellement sans écoles...*

Il est évident qu'un pareil témoignage, bourré de faits et de chiffres, résonnait douloureusement dans les hautes sphères de l'Administration habituées au paresseux ronron de la presse officielle (« le paysan kabyle si fataliste et pittoresque »...) tout de même que sa conclusion dans laquelle Camus repoussait le palliatif de la charité (quelques litres de blé distribués à tout un village par une « bonne dame »), réclamait la justice et – sacrilège ! – n'hésitait pas à donner en exemple un village kabyle qui, ayant obtenu la permission de s'administrer lui-même, avait réussi là où échouait le Gouvernement Général. Sans parler du ton franchement insupportable de cette enquête : *Il est méprisable de dire que le peuple kabyle s'adapte à la misère. Il est méprisable de dire que ce peuple n'a pas les mêmes besoins que nous... Il est curieux de voir comment les qualités d'un peuple peuvent servir à justifier l'abaissement où on le tient et comment la frugalité proverbiale du paysan kabyle est appelée à justifier la faim qui le ronge.*

Dès le 3 septembre, deux censeurs militaires, « deux capitaines de cavalerie pleins de morgue et qui ne cachaient pas leur antipathie » (Emm. Roblès), s'installèrent en permanence au journal. En face de ces brutes armées de ciseaux, une seule attitude possible : l'humour (j'y reviendrai dans un autre chapitre). Et l'humour, on s'en doute, gagna quelques batailles mais perdit la guerre. Un beau jour, le Gouvernement Général prit « la décision qui s'imposait » : Albert Camus, âge : 26 ans, profession : journaliste, reçut le « conseil » de quitter Alger. Conseil qui ressemblait à une expulsion.

Une fois de plus, que faire ? L'ami Pia agit. Sur ses conseils, Camus franchit la mer et sur sa recommandation se présenta à *Paris-Soir* où il fut agréé comme secrétaire de rédaction. On était au printemps 40, en pleine « drôle de guerre ». Camus ne m'a jamais parlé de cette courte période de sa vie où il découvrit Paris, une capitale encore en sursis où l'on commençait sérieusement à croire que tout se terminerait sans effusion de sang. « La route du fer est coupée. » « Nous vaincrons parce que nous sommes les plus forts... » Un matin, Paris s'éveilla en sursaut et partit comme un fou sur les routes, en d'interminables files de Français moyens hallucinés, massacrés par les avions à croix noire sur les ponts de la Loire. Les fringants correspondants de guerre aux uniformes rutilants et aux grades incertains cessèrent brusquement de remonter le moral des civils. Les journaux se replièrent : *Paris-Soir* à Clermont-Ferrand, y entraînant Camus. Il avait à peine eu le temps de connaître Paris, il repartait déjà à l'aventure, emportant de rares bagages, dont un sac ; et dans ce sac, le manuscrit de *l'Étranger* terminé le 8 mai, trente-six heures avant la bataille.

Juin 40 : Hitler parade aux Champs-Élysées ; juillet : la « ligne d'Armistice » coupe la France en deux. Les Français sont vaincus, et des Français s'empressent de le leur faire savoir. Aussi sûrement que la progression d'une maladie à virus, la défaite entraîne la réaction politique. Camus n'a fait que retrouver, sur d'autres visages mais sous mêmes uniformes, les censeurs d'Alger, à cela près qu'ils sont maintenant plus puissants que jamais : vaincus-vainqueurs. Il quitte *Paris-Soir* et se réfugie à Lyon. Fin 40, il se remarie.

Ai-je besoin de préciser – mais oui, tant la confusion est encore grande entre un peuple et les divers régimes qu'il traverse – que Camus n'a jamais été l'ennemi d'un pays mais d'un

Année Quarante

conditionnement politique ? Entre 37 et 39, il avait pris parti,
dans *Alger républicain*, contre Franco, pour les Républicains
espagnols (et il sera, jusqu'à sa mort, dans le climat de lâche
acceptation du dictateur ibérique où la France glissera peu à
peu, l'un des derniers irréductibles). En 1939, il ne parle
jamais de « guerre contre l'Allemagne », mais de « guerre
contre Hitler ». Dès 1940, les termes de ses célèbres *Lettres
à un ami allemand* n'attendaient plus que d'être formulés.
En plein fracas de « grandeur » hitlérienne, Camus savait que
la seule grandeur d'un pays est la justice. En pleine conquête
de l'Europe, il regardait le conquérant en face. *Ce que cherche
le conquérant de droite ou de gauche, ce n'est pas l'unité qui est
avant tout l'harmonie des contrastes, c'est la totalité, qui est
l'écrasement des différences.* Cette « Europe nouvelle » impro-
visée par le nazisme et dans laquelle s'intégrait une « France
nouvelle » de camelote, ne pouvait être pour lui qu'une prison
dans laquelle il tournerait, cherchant l'issue partout, et

d'abord, en lui-même. La prison n'était pas si vaste : après trois mois à Lyon, Camus revint en Algérie. Non pas à Alger mais à Oran où le reçut la famille de sa femme.

Oran, seconde ville d'Algérie et digne d'être sa capitale, Oran *tournant le dos à la mer* quoique bâtie au creux d'une des plus belles baies du monde, reçut avec son indifférence somptueuse ce voyageur « limpide et ravagé » qui venait d'effectuer dans la métropole un aller-retour sans résultat. L'histoire continue : pas de situation, peu d'argent ; en outre, sur ses épaules, le poids d'une ironie qui mérite bien un autre nom. *Absurde*, certes, mais qui l'est, le monde ou Camus ? Lui, en tout cas, puise dans la solitude l'ardeur de parachever ses premières œuvres. Il n'est plus tout à fait un débutant dans les Lettres. Il a déjà publié, à Alger, chez Charlot, deux plaquettes : *l'Envers et l'Endroit* et *Noces*. Simple affleurement d'un riche sous-sol : *l'Étranger* est maintenant terminé, *Caligula* a été commencé dès 1938, *le Malentendu* est en gestation, les premières pages du *Mythe de Sisyphe* ont jailli... Le cycle de l'Absurde est bouclé.

L'Étranger... Mais avant tout grattons la toile ou, pour mieux dire, projetons sur elle des rayons X qui nous feront apparaître la peinture originale.

Il s'est d'abord appelé Patrice Mersault. Et il n'était pas seul : près de lui se tenait l'admirable mentor, le viril et sage ami Zagreus qui, un jour, comprit que seul un acte sans rémission pouvait sauver l'adolescent du mal élémentaire : le temps dévorateur, la vie insignifiante. Zagreus arma donc patiemment l'esprit puis le bras de Patrice ; il se laissa assassiner par lui, en le disculpant à l'avance au moyen d'une lettre-testament. Grâce à ce meurtre rituel et même magique (car sous Zagreus, il faut lire Dionysos), Patrice atteint enfin à la « présence », c'est-à-dire, par le biais de la puissance sociale, à la liberté suprême qui est maîtrise du temps. D'où le titre du roman (écrit en 1937) : *la Mort heureuse*, qui rejoint le joyeux engloutissement du poète dans la mer. Roman-légende qu'un mûrissement de trois ans transformera en un récit parfait, dépouillé de toutes les tentations du symbolisme, au point qu'à sa parution certains n'y verront que du feu, non pas le feu du sacrifice orphique, mais le minable quinquet des romans populistes à la mode de 1930.

Puisque, aussi bien, personne n'est dupe et tout le monde connaît *l'Étranger*, amusons-nous à ce portrait de profil : *Le jeune Meursault est un petit employé de bureau algérois, pauvre et solitaire. Au début du roman, on lui apprend que sa mère est morte à l'asile des vieillards. Il demande à son patron deux jours de congé pour l'enterrer. Au retour, il retrouve ses habitudes et ses voisins, Céleste, Masson, le vieux Salamano, enfin Marie Cardona, une dactylo qui a travaillé avec lui autrefois et dont « il a eu envie à l'époque ». Une idylle se noue entre les deux jeunes gens. Marie devient la maîtresse de Meursault. Un peu plus tard, Meursault fait la connaissance d'un certain Raymond Sintès qui devient son copain et l'emmène à la plage. Querelle avec un Arabe ; bagarre. Raymond prête son revolver à Meursault qui tue l'Arabe...* Arrêtons-nous ; c'est un jeu et ce n'est pas un jeu. Car il n'est pas si sûr que le style de Camus n'emprunte pas à cette littérature tâcheronne. Étrange style où s'entremêlent des phrases aussi dissemblables que : *Aujourd'hui j'ai beaucoup travaillé au bureau. La patron a été aimable. Il m'a demandé si je n'étais pas trop fatigué* et *devant cette nuit chargée de signes et d'étoiles je m'ouvrais pour la première fois à la tendre indifférence du monde.* C'est qu'ici aussi règne la « double vérité », imposant un double ton : celui de l'instant et celui de l'éternité, la misère et le soleil, l'Histoire et la Tragédie.

L'Histoire est la vie de Meursault racontée par lui-même. La Tragédie, le destin qu'à son insu lui fabriquent le monde et le soleil. Max Jacob qui, avant sa mort martyre, avait eu le temps de lire *l'Étranger*, le définit : « étude d'un homme insensible aux réalités présentes ». Insensible ? Mieux : absent. Absent comme l'introuvable ordonnateur de l'harmonie de Tipasa. Une fois de plus éclate dans la littérature un défi à Dieu. Mais celui qui le lance n'est ni Faust, ni Don Juan, rien qu'un petit commis algérois, et ce n'est pas un cri de révolte ni une menace, mais un écho.

« Dieu pas là », dit la nature. « Moi pas là », répond Meursault. Et il pense, parle et agit comme s'il n'était pas là, en effet. Absent-présent à l'enterrement de sa mère, absent-présent au cinéma où dès le lendemain il va voir avec Marie un film de Fernandel, absent-présent aux bains qu'il prend sur la plage, aux événements qui se déroulent dans sa maison et dans la rue, aux amitiés et à l'amour qui s'offrent à lui. « Ça m'est égal » est sa phrase clé. Deux ou trois fois, quand une question impossible à éluder lui est posée, il répond calmement « Non ». *Le soir Marie est venue me chercher et m'a demandé si je voulais me marier avec elle. J'ai dit que cela m'était égal et que nous pourrions le faire si elle le voulait. Elle a voulu savoir alors si je l'aimais. J'ai répondu comme je l'avais déjà fait une fois que cela ne signifiait rien mais que sans doute je ne l'aimais pas.* « *Pourquoi m'épouser alors ?* » *a-t-elle dit. Je lui ai expliqué que cela n'avait aucune importance... Elle a observé alors que le mariage était une chose grave. J'ai répondu : Non.* Tout le récit est fait à cette première personne paradoxalement impersonnelle, au temps du passé composé qui feutre l'événement, le recule, l'éteint (temps éminemment antiromanesque au point qu'avant *l'Étranger* il semblait impossible de l'employer sur toute la durée d'un récit) ; et pourtant, rien de commun avec le behaviorisme des romans américains contemporains que Camus si justement détestait : *je donnerais cent Hemingway pour un Stendhal ou un Benjamin Constant.* Non, ici il ne s'agit point d'une littérature démissionnaire se bornant à enregistrer des réactions d'automates, mais d'une confession profonde affleurant d'une « voix blanche », comme l'écrit admirablement M. Jean-Claude Brisville. *Aujourd'hui maman est morte. Ou peut-être hier, je ne sais pas. J'ai reçu un télégramme de l'asile :* « *Mère décédée. Enterrement demain. Salutations distinguées* ». *Cela ne veut rien dire. C'était peut-être hier.*

Mais l'*acte*, le crime ? Eh bien, là non plus, Meursault ne participe nullement. Son copain Raymond, petit voyou sans envergure, l'a laissé seul sur la plage, le revolver en poche. L'Arabe querelleur s'est éloigné et étendu à l'ombre d'un rocher. Meursault passe devant lui, sans songer à mal : *Pour moi, c'était une histoire finie.* Mais il y a le soleil *comme une*

épée de lumière qui étincelle dans *l'océan de métal bouillant*
et la lame du couteau que l'Arabe a sorti par prudence. Il y a
toute une plage vibrante de soleil qui se presse derrière Meursault, temps suspendu, arrêté et comme cloué au zénith
avec le globe de flammes. Grande fixité tragique de midi.
Midi – et non minuit – heure du crime. *C'est alors que tout a
vacillé. La mer a charrié un souffle épais et ardent. Il m'a semblé
que le ciel s'ouvrait sur toute son étendue pour laisser pleuvoir
du feu. Tout mon être s'est tendu et j'ai crispé ma main sur le
revolver. La gâchette a cédé, j'ai touché le ventre poli de la
crosse et c'est là, dans le bruit sec et assourdissant, que tout
a commencé. J'ai secoué la sueur et le soleil. J'ai compris que
j'avais détruit l'équilibre du jour, le silence exceptionnel d'une
plage où j'avais été heureux. Alors, j'ai tiré encore quatre fois
sur un corps inerte où les balles s'enfonçaient sans qu'il y parût.
Et c'était comme quatre coups brefs que je frappais à la porte
du malheur.*

Le récit pourrait s'arrêter là – mais non : il lui manquerait
le revers, la réponse à Meursault des hommes, ses « frères », et
le déploiement dérisoire de leur ingéniosité pour remplir le
vide de son existence ; les hommes qui font « comme si »,
comme si Dieu existait, comme si la vie avait un sens ; les
hommes qui, à la mécanique du destin, vont riposter par
leurs mécanismes. Meursault est donc appréhendé par les
juges. Tous juges : policiers, magistrats, l'avocat lui-même
et le public de la cour d'assises. Pourquoi a-t-il tué ? Et
d'abord, qui est-il ? Il faut absolument qu'on le sache, car il
s'agit de « comprendre ». Punir, soit, mais pas avant d'avoir
compris. Accusé Meursault, expliquez-vous donc. Impossible,
dites-vous ? Parfait, on vous expliquera à votre place. Il
suffira d'un court procès où chaque acte du « criminel » sera
examiné à la loupe. Le diagnostic se devine : cette vieille
mère enterrée sans larmes, ce film de Fernandel en guise
d'oraison funèbre, cette passade, dès le lendemain, avec une
dactylo, tout révèle que nous avons affaire à un monstre,
c'est-à-dire à quelque chose de très simple, très banal et très
communément défini. Que répondre à cela ? *Je me suis levé
et, comme j'avais envie de parler, j'ai dit, un peu au hasard*

d'ailleurs, que je n'avais pas l'intention de tuer l'Arabe. J'ai dit... que c'était à cause du soleil. Éclats de rire. Suivent les mécanismes terminaux, envols de manches, assauts d'éloquence entre l'accusateur public et le défenseur, enfin verdict. *Le président m'a dit dans une forme bizarre que j'aurais la tête tranchée sur une place publique au nom du peuple français.* Ainsi se jugent au niveau de l'Histoire – mais de l'Histoire seule, c'est-à-dire de l'homme mutilé – les tragédies solaires.

« Moi pas là ». Sous un ciel vide, des hommes vides ont condamné du vide. Il reste en nous, seul, le souvenir de Meursault, le saint sans épaisseur. Mais s'il n'est pas de saint sans méthode, il n'en est pas non plus sans message, et Camus conduira son héros jusqu'à l'assomption. Dans la cellule des condamnés à mort, un prêtre lui rend visite. Que peut-il pour lui ? Meursault ne sait pas ce qu'est le péché : il sait seulement qu'il est coupable, parce qu'on le lui a dit. Dieu ? *J'ai répondu que je ne croyais pas en Dieu. Il a voulu savoir si j'en étais bien sûr, et j'ai dit que je n'avais pas à me le demander : cela me paraissait une question sans importance.* Quoi, aucune vérité, aucune certitude ? Si : ce monde, qui existe. Ce monde seulement, pas même le désir d'une autre vie ? Tout être pensant ne souhaite-t-il pas une autre vie ? *Je lui ai répondu que naturellement, mais cela n'avait pas plus d'importance que de souhaiter d'être riche, de nager très vite ou d'avoir une bouche mieux faite. C'était du même ordre. Mais lui m'a arrêté et il voulait savoir comment je voyais cette autre vie. Alors, je lui ai crié : « Une vie où je pourrais me souvenir de celle-ci ».* Et soudain, Meursault ne supporte plus le bavardage du prêtre. Quelque chose crève en lui, il empoigne le visiteur par le collet de sa soutane et lui crache le fond de son cœur avec, pour la première fois, *des bondissements de joie et de colère.* Certitudes ? Oui, Meursault a des certitudes !

Il avait l'air si certain, n'est-ce pas ? Pourtant aucune de ses certitudes ne valait un cheveu de femme. Il n'était même pas sûr d'être en vie, puisqu'il vivait comme un mort. Moi, j'avais l'air d'avoir les mains vides. Mais j'étais sûr de moi, sûr de tout, plus sûr que lui, sûr de ma vie et de cette mort qui allait venir. Oui, je n'avais que cela. Mais du moins je tenais cette vérité autant qu'elle me tenait. J'avais eu raison, j'avais encore raison, j'avais toujours raison. J'avais vécu de telle façon et j'aurais pu vivre de telle autre. J'avais fait ceci et je n'avais pas fait cela. Je n'avais pas fait telle chose alors que j'avais fait telle autre. Et après ? C'était comme si j'avais attendu pendant tout le temps cette minute et cette petite aube où je serais justifié. Rien, rien n'avait d'importance, et je savais bien pourquoi. Du fond de mon avenir, pendant toute cette vie absurde que j'avais menée, un souffle obscur remontait vers moi à travers des années qui n'étaient pas encore venues et ce souffle égalisait sur son passage tout ce qu'on me proposait alors dans les années plus réelles que je vivais. Que m'importaient la mort des autres, la mort d'une mère, que m'importaient son Dieu, les vies qu'on choisit, les destins qu'on élit, puisqu'un seul destin devait m'élire moi-même et avec moi des milliards de privilégiés qui, comme lui, se disaient mes frères. Comprenait-il, comprenait-il donc ? Tout le monde était privilégié. Il n'y avait que des privilégiés. Les autres aussi, on les condamnerait un jour. Lui aussi, on le condamnerait. Qu'importait si, accusé de meurtre, il était exécuté pour n'avoir pas pleuré à l'enterrement de sa mère ? Le chien de Salamano valait autant que sa femme. La petite femme automatique était aussi coupable que la Parisienne que Masson avait épousée, ou que Marie qui avait envie que je l'épouse. Qu'importait que Raymond fût mon copain autant que Céleste qui valait mieux que lui ? Qu'importait que Marie donnât aujourd'hui sa bouche à un nouveau Meursault ? Comprenait-il donc, ce condamné, et que du fond de mon avenir... On les sépare, le prêtre s'en va. Meursault se calme, se jette, épuisé, sur sa couche. La nuit vient. Réveillé, *avec des étoiles sur le visage,* Meursault, *purgé du mal, vidé d'espoir,* peut enfin s'abandonner en paix *à la tendre indifférence du monde.* Tout, comme on dit, est bien qui finit bien. *Pour que tout soit consommé, pour que je me sente moins seul, il me restait à souhaiter qu'il y ait beaucoup de monde le jour de mon exécution et qu'ils m'accueillent avec des cris de haine.*

Tel était ce récit qui apporta, au cœur des années sordides, ce qu'on pourrait définir : un pessimisme plein d'espoir. Plus tard, la tendresse qu'il contenait apparut à ses lecteurs moins

Avec Pascal Pia. 1940.

pressés ; ils se rappelèrent le chien galeux du vieux Salamano que son maître ne cesse d'insulter : « *Charogne !* » et dont la perte le laisse inconsolable : *Au bizarre petit bruit qui a traversé la cloison, j'ai compris qu'il pleurait.* Ils surent qui était Camus, quel métier il avait exercé et ils lurent d'un autre œil ce passage de la cour d'assises : *Les journalistes tenaient déjà leur stylo en main. Ils avaient tous le même air indifférent et un peu narquois. Pourtant l'un d'entre eux, beaucoup plus jeune, habillé en flanelle grise avec une cravate bleue, avait laissé son stylo devant lui et me regardait. Dans son visage un peu asymétrique, je ne voyais que ses deux yeux, très clairs, qui m'examinaient attentivement, sans rien exprimer qui fût définissable. Et j'ai eu l'impression bizarre d'être regardé par moi-même.* Et pourtant, dès la parution du livre, le public ne s'y trompa pas. Il n'écouta pas, bien entendu, ce chroniqueur vichyste qui parlait de « veulerie », de « démission humaine », mais il ne pensa pas non plus, comme Jean Guéhenno, que la démonstration de l'absurde était inutile. Car *l'Étranger*, sans qu'une seule ligne du texte prît de précautions à cet égard, ne venait pas « suppléer à la révolte », mais au contraire la susciter et l'affermir. En pleine France vichyssoise, livrée à un activisme optimiste et dérisoire, *l'Étranger* offrait l'indispensable, le constat de base, le tremplin solide d'une action. Nous savions que nous avions affaire – enfin ! – à une littérature adulte et que, parmi les écrivains engagés dans la lutte et soumis alors à une semi-clandestinité, Malraux, Mauriac, Sartre, ce nouveau venu, si évidemment courageux et responsable, n'avait créé un héros tragique que pour aider les hommes à vaincre leur destin. C'est la grandeur du stoïcisme ; et nul ne prévoyait alors que si peu de temps après la victoire – ou ce qu'on appellerait ainsi – certains réclameraient le bûcher pour de telles œuvres dans leur hâte à retrouver, de droite ou de gauche, fascistes ou marxistes, les catéchismes mensongers.

Chronologiquement, *le Malentendu* est postérieur à *Caligula* et au *Mythe de Sisyphe*, pour sa rédaction du moins. Si je l'inscris ici en second, c'est d'abord parce que, à tort ou à raison, je le considère comme une transition entre la

« table rase » de *l'Étranger* et l'explosion de *Caligula*, puis la définition du *Mythe ;* ensuite, parce que son sujet se trouve déjà dans *l'Étranger,* raconté par Meursault en prison :

Entre ma paillasse et la planche du lit, j'avais trouvé un vieux morceau de journal, presque collé à l'étoffe, jauni et transparent. Il relatait un fait divers dont le début manquait, mais qui avait dû se passer en Tchécoslovaquie. Un homme était parti d'un village tchèque pour faire fortune. Au bout de vingt-cinq ans, riche, il était revenu avec une femme et un enfant. Sa mère tenait un hôtel avec sa sœur, dans son village natal. Pour les surprendre, il avait laissé sa femme et son enfant dans un autre établissement, était allé chez sa mère qui ne l'avait pas reconnu quand il était entré. Par plaisanterie, il avait eu l'idée de prendre une chambre. Il avait montré son argent. Dans la nuit sa mère et sa sœur l'avaient assassiné à coups de marteau pour le voler et avaient jeté son corps dans la rivière. Le matin, la femme était venue, avait révélé sans le savoir l'identité du voyageur. La mère s'était pendue. La sœur s'était jetée dans un puits.

Commentaire de Meursault : *D'un côté cette histoire était invraisemblable. De l'autre elle était naturelle.* On ne saurait mieux dire.

Dans *le Malentendu,* Camus ne cherche pas à raffiner sur l'intrigue. Il la prend telle – on a envie d'écrire : que Meursault la lui a léguée. Il y voit une escroquerie, c'est-à-dire un sujet éminemment théâtral. Car il n'y a pas de meilleur sujet au théâtre que l'escroquerie, qui permet une autre action dans l'action, où l'auteur prend le public pour complice contre ses propres créatures, personnages manœuvrés, spectateurs renseignés. Ici, naturellement, c'est le destin qui est l'escroc. Camus découpe donc logiquement la pièce en trois actes : 1. le retour de Jan ; 2. son assassinat ; 3. la découverte de la vérité. Il n'y ajoute que le volume du protagoniste qui n'est pas Jan mais sa sœur, Martha ; et un personnage, le Destin lui-même, incarné par un vieux domestique muet.

Lorsque *le Malentendu* fut créé au théâtre des Mathurins, dans le Paris frémissant de 1944, il reçut un accueil mitigé, les uns d'abord gênés puis nettement hostiles, les autres, enthousiastes. Arguments contre arguments, ceux des premiers portaient principalement sur la technique de la pièce, ceux des seconds sur la qualité du thème et des dialogues. Il est vrai que la logique dramatique du *Malentendu* n'est pas sans embûches : l'action tout entière repose sur un jeu de hasards. C'est par hasard que le drame finit mal. Le « suspense » des hésitations de Martha – tuera, tuera pas le voyageur –, les chances de se sauver qu'elle lui offre sans arrêt et qu'il ne saisit pas, les hésitations de Jan lui-même qui à chaque instant manque de se faire reconnaître, les entrées et sorties de sa femme, Marie, qui pourrait tout dévoiler mais qui agit perpétuellement à contretemps, tous ces éléments, avouons-le, vaudevillesques, confèrent à ce drame un élément risible. Faut-il donc en rire ? Les spectateurs de 1944 ne le crurent pas : ne leur avait-on pas dit qu'ils se trouvaient devant un auteur « sérieux » ? Et pourtant si, il faut rire au *Malentendu :* non pas, bien entendu, du rire mécanique déclenché par des répliques et des situations cocasses, mais du rire connaisseur de l'expérience. Car enfin, la vie n'est faite que de ce rire-là, qu'on appelle l'humour. *D'un côté invraisemblable, de l'autre naturelle,* notre existence se joue sur des hasards qui n'ont rien à envier à ceux du *Malentendu.* Tout s'y passe comme dans la pièce : à chaque instant, un mot, un geste, une visite remettent en question heur et malheur. *De toute façon, je trouvais que le voyageur l'avait un peu mérité et qu'il ne faut jamais jouer,* ajoute Meursault, impitoyable.

Si Jan « joue », c'est, il le dit lui-même, pour mieux connaître ce qu'il désire ardemment retrouver : *une mère et une patrie.* A qui ressemble-t-il donc ? Mais, bien sûr, à *l'Enfant prodigue* gidien que Camus, on s'en souvient, mit en scène à Alger. Seulement, sa sœur Martha à qui il se présente incognito, a repris, elle, le rôle du fils puîné que le retour de son frère conduit à l'évasion. Elle aussi rêve d'une patrie, le Sud lointain, la mer, c'est-à-dire la liberté [1], et elle attend du crime l'argent nécessaire pour l'obtenir. Ainsi se trouvent face à face deux désirs, deux attentes, l'homme portant sur lui *tous les airs de l'innocence,* et l'âpre fille brune, tout le poids

---

1. *... La liberté que Proudhon définit si admirablement comme fille de la mer. (Retour à Tipasa.)*

de son impatience exaspérée – son impatience de se fondre dans le Tout universel et d'y acquérir une « présence », tel Patrice Meursault. Antagonisme inconciliable : l'homme veut *rester*, développer la connaissance des êtres et de son sang, aller « au fond du connu pour l'approfondir » (comme dit Claudel contre Baudelaire), tandis que sa sœur, elle, brûle d'inconnu et d'absolu. JAN : – *Peut-être en est-il ainsi des âmes que verriez fleurir, si seulement vous les aidiez de votre patience.* – MARTHA : – *Je n'ai plus de patience en réserve... Mais j'imagine avec délices cet autre pays où l'été écrase tout.* Au-dessus d'eux, ce vieux Serviteur que n'importe qui peut appeler n'importe quand, mais qui ne paraît jamais que pour garder le silence. *La sonnerie fonctionne, mais lui ne parle pas.*

Le sort en est jeté. Faute d'avoir lu le passeport que son frère lui tendait pour mettre le hasard à l'épreuve (elle l'a seulement *soupesé*), Martha empoisonne la tasse de thé de son frère (JAN : – *Je voudrais vous remercier pour votre thé et l'accueil que vous m'avez fait.* – LA MÈRE : – *Je vous en prie, Monsieur. C'est un embarras pour moi que de recevoir des remerciements par l'effet d'une méprise*). Le lendemain, il faut enfin détruire ce fameux passeport qui alerterait la police. Et cette fois, naturellement, le nom saute aux yeux.

Sa mère partie pour mourir (ah! que la mère silencieuse et complice, vouée à la mort obscure de l'asile ou du puits, est présente dans ces premières œuvres de Camus!), Martha demeure un temps seule, non pas délivrée, mais écrasée. *Que les portes se referment sur moi! – Oh, je hais ce monde où nous en sommes réduits à Dieu.* Maria, la femme de Jan, revient. C'est pour apprendre la nouvelle et recevoir de la meurtrière un ultime message : *Nous voilà tous dans l'ordre. Comprenez que ni pour lui ni pour nous, ni dans la vie ni dans la mort, il n'est de patrie ni de paix.* Seule de nouveau, Maria se jette à genoux : *Oh, mon Dieu, je ne puis vivre dans ce désert!... Ayez pitié de moi! Entendez-moi, Seigneur, donnez-moi votre main! Ayez pitié de ceux qui s'aiment et qui sont séparés!* La porte s'ouvre, et le vieux domestique paraît. Parlant pour la première fois : – *Vous m'avez appelé?* – MARIA : – *Oh, je ne sais pas! Mais aidez-moi car j'ai besoin qu'on m'aide! Ayez pitié et consentez à m'aider !* – LE VIEUX *(d'une voix nette et ferme)* : – *Non.*

Entre *le Malentendu* et *Caligula,* il y a – fort curieusement, puisque le second fut écrit avant le premier – un incontestable progrès dramatique : Camus n'y utilise plus de personnages-symboles faciles et irritants, ses idées ne sont plus « plaquées » sur le texte, son héros, enfin, existe, agissant et non plus agi. Dans le vaste théâtre du monde, *le Malentendu* ne nous offrait qu'un seul acteur, le destin. Caligula, lui, invente son propre théâtre.

An 38 après Jésus-Christ. Le jeune empereur Caius Caligula dont le règne a commencé dans la douceur et la sagesse vient de perdre sa sœur Drusilla à qui, ce n'est un secret pour personne, l'unissaient d'autres liens que ceux du sang[1]. Cet événement semble l'avoir désespéré : il a quitté le palais, il a disparu. Les patriciens s'inquiètent : que vaut un empereur qui a des chagrins d'amour ? Or, s'ils savaient ce qui se passe, ils s'inquiéteraient bien davantage : car ce n'est pas la mort de Drusilla qui a frappé Caligula comme la foudre, c'est la mort tout court. C'est l'évidence brutale d'une vérité *toute simple, toute claire, un peu bête* que Caligula, enfin de retour, confie à son affranchi, Hélicon. *Les hommes meurent et ne sont pas heureux.* Rien que cela ? *Allons, Caius,* répond Hélicon, *c'est une vérité dont on s'arrange très bien. Regarde autour de toi. Ce n'est pas cela qui empêche de déjeuner.* Mais Caligula : *Alors c'est que tout, autour de moi, est mensonge ! Et moi, je veux qu'on vive dans la vérité !* Se reposer ? *Cela n'est pas possible, Hélicon. Cela ne sera plus jamais possible.*

Plus jamais, en effet. Caligula veut totalement quelque chose que les hommes se contentent de demander par plaisanterie : la lune. Et puisqu'ils ne la demandent que par plaisanterie, et puisque ces grands enfants ne savent que se résigner et en rire, il se fera *leur professeur,* car il en a *les moyens* et il *sait ce dont il parle.* Ces moyens, c'est, naturellement, le pouvoir. Possédant le pouvoir dit absolu, le jeune

---

1. *Je ne m'étonne plus que l'Italie soit la terre des incestes ou du moins, ce qui est plus significatif, des incestes avoués. Car le chemin qui va de la beauté à l'immoralité est tortueux, mais certain. (Noces.)*

Gérard Philipe répète Caligula *au théâtre Hébertot*

empereur va s'en servir pour lutter à armes presque égales contre l'absolu de l'absurde. Puisque tout est absurde en haut, il créera l'absurde en bas, c'est-à-dire la liberté : il ne tolérera plus qu'une fausse raison paralyse les hommes. *Ce monde est sans importance et qui le reconnaît conquiert la liberté !... Allez annoncer à Rome que la liberté lui est enfin rendue et qu'avec elle commence une grande épreuve.*

Paroles pleines de clairvoyance : c'est bien une grande épreuve qui attend un peuple lorsqu'un surhomme s'assied sur le trône. Non que nous fassions à Caligula l'injure de le comparer à Hitler, comparaison hâtive venue pourtant sous quelques plumes : certes, le jeune et beau Caius, tout rayonnant de grâce épicène jusque dans le mal (ou ce que nous appelons ainsi) n'a rien d'un tueur obtus soumis à une idée fixe aussi banale que le racisme ; tout au plus le verrions-nous surgir en filigrane d'un texte de son créateur : *Je suis d'avis que nous devons comprendre, sans cesser de lutter contre eux, l'erreur de ceux qui par une surenchère de désespoir se sont rués dans les nihilismes de l'époque.* Cependant, s'il refuse trois guerres au passage, s'il met les mots « victoire » et « conquête »

55

entre guillemets comme tous les autres, il n'aboutit pas moins, lui aussi, au crime. En artiste, bien sûr. L'assassinat considéré comme un des beaux-arts est la conséquence logique – et assez misérable – de son empoignade avec l'absolu. Kirilov ne pouvait prouver la liberté qu'en se tuant. Caligula ne la prouvera qu'en tuant les autres.

Passe pour les premières victimes. La puissance de conviction de Caligula se démontre à ceci, que nous sommes aimablement complices de ses premiers crimes. Lorsqu'il décrète que pour enrichir le Trésor les patriciens fortunés devront déshériter leurs enfants, tester en faveur de l'État puis être aussitôt supprimés *dans l'ordre d'une liste établie arbitrairement,* car *si le Trésor a de l'importance, alors, la vie humaine n'en a pas,* lorsqu'il commence à envoyer, çà et là, à la mort des sénateurs pétris de veulerie et de sottise, voire lorsqu'il assassine sous nos yeux le vieux Mereia coupable d'avoir absorbé un remède contre l'asthme, nous rions, nous sommes d'accord, nous admettons avec lui qu'*il n'y a pas de grande passion sans cruauté.* (Tiens, tiens! Voilà tout de même une approbation assez inquiétante : car enfin, dans la pénombre du théâtre et malgré le recul dramatique, notre bel humanisme devrait frémir, il y a donc des crimes permis? Et nous qui avons clamé une si vertueuse indignation quand on « dégradait l'homme », dans les camps par exemple, nous rions, nous rions toujours lorsque Caligula prostitue les femmes de ses amis ou oblige les sénateurs à courir autour de sa litière?) Mais bientôt la quête de la liberté par l'absurde suscite une révolte plus puissante que celle qui la motivait. Et vient le moment où Caligula, même dans l'absolu, a tort.

Deux personnages, le patricien Cherea et le poète Scipion, ne tardent pas à s'opposer à lui, non pour des raisons banales comme de sauver leur peau, mais au nom d'un Ordre supérieur. Tous deux, c'est leur originalité, comprennent Caligula et dans une certaine mesure l'aiment. Mais tous deux, quoique pénétrés de la vérité qu'il a découverte – et dont ils se sont approchés plus ou moins dangereusement eux aussi – lui préfèrent la vérité qui les anime. Pour Cherea, la chose est claire : né par hasard, comme vous et moi, dans un monde absurde, il a choisi d'y vivre et pour cela de lui accorder un sens, une *cohérence : J'ai le goût et le besoin de la sécurité.* Il l'avoue très humblement et (Caligula ne s'y trompe pas) *sainement : J'ai envie de vivre et d'être heureux. Je crois qu'on ne peut être ni l'un ni l'autre en poussant l'absurde dans toutes ses conséquences. Je suis comme tout le monde. Pour m'en sentir libéré, je souhaite parfois la mort de ceux que j'aime, je convoite des femmes que les lois de la famille ou de l'amitié m'interdisent de convoiter. Pour être logique, je devrais alors tuer ou posséder. Mais je juge que ces idées vagues n'ont pas d'importance. Si tout le monde se permettait de les réaliser, nous ne pourrions ni vivre ni être heureux. Encore une fois, c'est cela qui m'importe.* Oui, tout cela est sain, une bonne hygiène sociale, et Cherea le transcende (ou le décore ?) d'une réplique qui mettra tout le monde de son côté : *Je crois qu'il y a des actions qui sont plus belles que d'autres.*

Quant au jeune Scipion, il est poète – et soudain, Caligula, ce créateur, trouve en face de lui un autre créateur. Cherea, au nom de l'ordre, récusait le *lyrisme inhumain* de l'empereur, mais Scipion lui oppose un autre lyrisme : celui de la nature, de *l'accord de la terre et du pied.* La mort dont l'évidence a écrasé Caligula et qu'il brandit comme la raison de ses actes, Scipion le sait bien : elle est inhérente à la vie, elle est la vie : *Ciel où le soleil ruisselle – Fêtes uniques et sauvages...* Si Scipion s'insurge contre le tyran, ce n'est pas seulement parce qu'il a tué son père (ce meurtre, au contraire, aurait pu créer un lien entre eux), c'est parce qu'il souille par des morts inutiles, sacrilèges et sales la grande Mort qui donne son poids et sa mesure à l'homme. Au reste, que veut exactement Caligula ? Exercer un pouvoir de compensation. A quoi ? *A la bêtise et à la haine des dieux.* Mais Scipion :

La haine ne compense pas la haine. Le pouvoir n'est pas une solution. Et je ne connais qu'une façon de balancer l'hostilité du monde.

CALIGULA : *Quelle est-elle ?*

SCIPION : *La pauvreté.*

Dès lors Caligula est condamné au pire : à la pitrerie. Créateur, non, mais « artiste », singe de la création. De scène en

scène il devient la caricature de lui-même : de la grande pureté du premier soir où il s'avança vers le corps de Drusilla, le toucha du bout des doigts, sembla réfléchir puis tourna sur lui-même et courut dans la nuit et dans l'orage, rien ne reste. Les noces avec la liberté sont devenues un accouplement grotesque. Sur le tréteau du non-sens, un misérable cabot néronien s'agite encore vaguement, se peint les ongles des orteils, se déguise en Vénus et oblige de mauvais rimailleurs à lécher leurs tablettes : son visage – car les moyens ont, bien entendu, recouvert la fin – est désormais le visage sans relief de l'exécuteur. *L'exécution soulage et délivre. Elle est universelle, fortifiante et juste dans ses applications comme dans ses intentions.* Une grande certitude, il est vrai : *Tout le monde est coupable,* mais était-il besoin de désirer la lune pour s'en persuader ? Qui pourrait sauver Caius ? Deux fidèles seulement continuent à respirer à son niveau : Hélicon, par indifférence et dévouement, Cæsonia, par amour. *Cela pourrait être si bon de vivre et d'aimer dans la pureté de son cœur...* Trop tard.

Cependant, le rêve était beau et Caligula avait *presque* obtenu la lune. *C'était l'été dernier. Depuis le temps que je la regardais et que je la caressais sur les colonnes du jardin, elle avait fini par comprendre... Elle a fait quelques façons. J'étais déjà couché. Elle était d'abord toute sanglante au-dessus de l'horizon. Puis elle a commencé à monter, de plus en plus légère, avec une rapidité croissante. Plus elle montait, plus elle devenait claire... Elle est devenue comme un lac d'eau laiteuse... Elle est arrivée alors dans la chaleur, douce, légère et nue. Elle a franchi le seuil de la chambre et avec sa lenteur sûre est arrivée jusqu'à mon lit... Des rêves, des rêves. Il y a de moins en moins de monde autour de moi. Tu avais décidé d'être logique, idiot. Il s'agit seulement de savoir jusqu'où cela ira.* Comment l'ignorerait-il ?

Les conspirateurs, ponctuels, ont fait leur entrée de dernier acte. Tous des imbéciles ou des canailles, sauf Cherea, mais qu'importe ? Caligula a découvert l'ultime secret : *Tuer n'est pas une solution.* Et Cæsonia, son amoureuse fanée, sous ses mains qui l'étranglaient, lui a répondu en écho : *Est-ce donc du bonheur, cette liberté épouvantable ?* Il ne lui reste plus rien à apprendre, que la mort enfin vécue, *le grand vide où le cœur s'apaise.* L'empereur brise le miroir qui reflétait son dernier rire et tombe percé de coups : *Je suis encore vivant !*

Ainsi passa Caligula qui se comparait à la peste, la face pleine de sang et de rires. Pour le juger, cédons la parole à Camus lui-même : *Caligula est un homme que la passion de vivre conduit à la rage de destruction, un homme qui par fidélité à soi-même est infidèle à l'homme. Il récuse toutes les valeurs. Mais si sa vérité est de nier les dieux, son erreur est de nier les hommes. Il n'a pas compris qu'on ne peut tout détruire sans se détruire soi-même. C'est l'histoire de la plus humaine et de la plus tragique des erreurs.*

Enfin, *le Mythe de Sisyphe* ou « faut-il tenter de vivre » ?

Le monde est absurde : Meursault, Martha, Caligula l'ont, je pense, démontré suffisamment, du moins aux âmes qui ont quelque exigence. Encore qu'il y ait une nuance, et si le romancier et le dramaturge ne s'y attardent guère, l'essayiste se doit, lui, de la définir. *Je disais que le monde est absurde, et j'allais trop vite. Le monde n'est pas raisonnable, c'est tout ce qu'on en peut dire. Mais ce qui est absurde, c'est la confrontation de cet irrationnel et de ce désir éperdu de clarté dont l'appel résonne au plus profond de l'homme... A partir du moment où elle est reconnue, l'absurdité est une passion, la plus déchirante de toutes.*

Qu'est-ce que l'Absurde ? C'est *l'épaisseur et l'étrangeté du monde,* c'est *le péché sans Dieu. Il ne peut y avoir d'absurde hors d'un esprit humain. Ainsi l'absurde finit-il comme toutes choses, avec la mort. Mais il ne peut non plus y avoir d'absurde hors de ce monde. Et c'est à ce critérium élémentaire que je juge que la notion d'absurde est essentielle et qu'elle peut figurer la première de mes vérités.*

Comment s'évader de cette prison ? Il y a, bien sûr, les religions. Mais l'auteur, décidément, leur est rebelle : non seulement il récuse le *saut* qu'elles veulent l'obliger à faire, mais encore il se désintéresse de la promesse ou de la menace qui le nécessitent : *Ce qui vient après la mort est futile.* Alors, le suicide ? Il possède pour lui l'implacable logique : puisque, à l'angoisse humaine, la nature répond par le silence, l'homme, « en sa qualité indiscutable de plaignant et de répondant, de juge et d'accusé » (Dostoïevsky) a le droit le plus strict de la condamner à s'engloutir avec la perte de sa conscience. C'est, Camus le note avec justesse, l'attitude d'un homme *vexé*. L'exemple de Kirilov lui apporte, certes, une raison plus haute : *Si Dieu n'existe pas, Kirilov est Dieu. Kirilov doit donc se tuer pour être dieu. Cette logique est absurde, mais c'est ce qu'il faut.* Et pourtant, ce n'est pas par ce geste négatif que l'homme s'égalera à la dimension de l'Absurde. Car *il s'agit de mourir irréconcilié et non de plein gré. Le suicide est une méconnaissance. L'homme ne peut que s'épuiser et tout épuiser.* C'est au contraire par l'effort solitaire d'une tension extrême et quotidienne grâce à quoi il témoignera au jour le jour de sa seule vérité, qui est le défi. *Vivre, c'est faire vivre l'Absurde.* Il faut donc vivre :

> *J'exalte ma lucidité au milieu de ce qui la nie. J'exalte l'homme devant ce qui l'écrase et ma liberté, ma révolte et ma passion se rejoignent alors dans cette tension, cette clairvoyance et cette répétition démesurée.*

A partir de cette profession de foi, des carrières s'ouvrent dans l'Absurde. Camus en distingue au moins trois : celles de Don Juan, de l'acteur et du conquérant. Tous trois – Don Juan qui refuse le regret et l'espoir, l'acteur qui a choisi *la gloire innombrable* et qui illustre *cette vérité si féconde qu'il n'y a pas de frontière entre ce qu'un homme veut être et ce qu'il est*, le conquérant qui a préféré à tout l'action *sans nostalgie ni amertume* – tous trois, possèdent, de par l'Absurde, un *pouvoir royal. Il est vrai que ces princes sont sans royaume, mais ils ont cet avantage sur d'autres de savoir que toutes les royautés sont illusoires.* Un être, cependant, les surpasse tous : l'être absurde par excellence, le créateur. Celui-ci, en effet, se situe dans une contradiction totale. Il admet que sa création *peut ne pas être.* Il travaille *pour rien*, il sait que sa création n'a pas d'avenir (car ce qu'on appelle la postérité est une escroquerie même pour les plus grands), il peut voir son œuvre détruite en un jour en admettant que cela n'a aucune importance ; mais en même temps, sa conscience éclairée et magnifiée par l'œuvre demeure constamment éveillée et constamment témoigne des *images éclatantes et sans raison du monde. Créer, c'est donner une forme à son destin. Dans cet effort quotidien où l'intelligence et la passion se mêlent et se transportent, l'homme absurde découvre une discipline qui fera l'essentiel de ses forces.* Et aussitôt, le mythe accourt en illustration de cet effort.

Parce qu'il avait commis l'impardonnable crime de trop s'attacher aux choses de ce monde, les Dieux condamnèrent Sisyphe à rouler sans fin un rocher au haut d'une colline. Supplice effrayant, mais que le damné surmonte par la certitude que son effort est, justement, sans espoir. *L'homme absurde dit oui et son effort n'aura pas de cesse.* Cette clairvoyance qui devait faire son tourment consomme au contraire sa victoire : *Il n'est pas de destin qui ne se surmonte par le mépris.* Enfin, la joue contre ce rocher et les paumes durement collées à lui, Sisyphe éprouve une joie inconnue aux dieux mêmes : *Il se sait le maître de son destin. Cet univers... ne lui paraît ni stérile ni futile. Chacun des grains de cette pierre, chaque éclat minéral de cette montagne pleine de nuit à lui seul forme un monde. La lutte elle-même vers les sommets suffit à remplir un cœur d'homme. Il faut imaginer Sisyphe heureux.*

Faut-il voir dans *le Mythe de Sisyphe*, comme M. Henry Amer, « une charte de l'humanisme athée » ou plus simplement « la tentation d'un jeune homme conscient du tragique de son époque pour exorciser la tentation du suicide et du désespoir » ? La question concerne moins Sisyphe que son rocher. Les chrétiens – et d'une manière plus vague, les idéalistes – nient que ce rocher revienne toujours à la même place : chaque effort de sa victime le hisse vers le sommet et un jour Sisyphe s'arrêtera, sa besogne achevée, sauvé ou vainqueur. Imaginer le contraire, c'est accepter la tragédie, incompatible avec le bonheur aux yeux de beaucoup. « L'abstraite réponse sartrienne est en ceci plus réaliste que l'effort généreux de Camus. Un Sisyphe heureux ne peut exister véritablement, c'est un produit de l'imagination. » (José Orlandis.) Laissons cette discussion pour une image : celle de

Sisyphe heureux, justement, celle que je garde du Camus de cette époque et dont on me permettra de témoigner au passage.

Il y avait déjà quelques mois que *le Mythe* était sorti en librairie lorsque je fis enfin la connaissance de son auteur. La chose eut lieu en des circonstances que l'Histoire rend mémorable. Nous nous trouvions réunis, un soir de juin, une dizaine d'écrivains, de journalistes, d'acteurs (Simone de Beauvoir, Maria Casarès, Queneau, Salacrou, Sartre) chez Charles Dullin. Sartre amena Camus. La soirée se prolongea toute la nuit et à un moment les sirènes d'alerte retentirent. Au petit matin, nous apprîmes le débarquement allié.

Je revois Camus, ignorant encore l'événement, comme nous tous, cette nuit-là. Et je me rappelle qu'un refrain lancinant me trotta en tête au début de notre rencontre, pendant une heure ou deux. C'étaient les messages personnels que Londres, on s'en souvient, adressait à la Résistance : « Le crocodile a éternué sur le tapis, trois fois. Le thé de la tante Ursule est parfumé à l'arsenic. » La nécessité de messages sous cette forme était indéniable : ils n'en symbolisaient pas moins l'infantilisme de la guerre, de toute guerre, et la dure condition d'hommes adultes condamnés aux jeux d'armes et de mots de la puérile violence.

J'observai Camus. Et soudain, un contraste prodigieux m'apparut : d'un côté cet infantilisme, et de l'autre, ce beau visage tendre et grave. D'un côté l'absurde, et de l'autre ce calme défi. Encore tout pénétré de la lecture du *Mythe*, je comprenais mal, je crois, ce qu'il me faut maintenant inscrire à la fin de ce chapitre, à savoir que l'absurde n'était pour Camus qu'un point de départ ; qu'il regretterait bientôt d'être enfermé dans cette formule, qu'elle n'était pour lui *qu'une idée trouvée dans les rues de (son) temps*. Et pourtant, ce visage m'apprenait déjà que Camus n'avait exploré l'absurde que pour mieux parier sur nos raisons d'être. Ah, dès cette minute et quelle que fût l'issue de la bataille, de toutes les batailles, y compris la dernière, celle que l'on finit toujours par perdre, la victoire ne faisait pas de doute. Elle serait remportée par cet homme lucide, sans peur et sans espoir. Contre la guerre. Contre l'absurde. Contre les dieux.

HOMME, RIEN QU'HOMME

L'homme est périssable, il se peut. Mais
périssons en résistant et si le néant nous est
réservé, faisons que ce soit une injustice.

Sénancour, *Obermann*. *

Camus, en effet, était revenu dans la métropole, pour raisons de santé. En 42, le débarquement d'Afrique du Nord l'avait séparé des siens. Puis l'éditeur Gallimard – qui avait publié *l'Étranger* – lui avait offert un poste de lecteur. Entretemps, Camus était entré dans la Résistance, à Lyon d'abord, puis à Paris.

Un matin d'août, Paris s'éveilla avec des journaux tout neufs criés à la face des derniers occupants pris dans la capitale comme dans un piège. L'un de ces journaux, marqué de la croix de Lorraine gaulliste, attira particulièrement l'attention du public. Il s'appelait *Combat*, comme le groupe hier clandestin dont il était l'organe, et portait en sous-titre : *De la Résistance à la Révolution*. En première page, un éditorial frémissant appelait à la libération de la ville : *Paris fait feu de toutes ses balles dans la nuit d'août. Dans cet immense décor de pierres et d'eaux, tout autour de ce fleuve aux flots lourds d'histoire, les barricades de la liberté, une fois de plus, se sont dressées. Une fois de plus, la justice doit s'acheter avec le sang des hommes.*

---

* Cité par Camus en épigraphe des *Lettres à un ami allemand*.

Tous les autres journaux, il est vrai, publiaient, au style près, un appel semblable. Mais l'éditorialiste anonyme de *Combat* était le seul qui, dès ce premier jour, envisageât les lendemains de la bataille. *Ce terrible enfantement est celui d'une révolution*, affirmait-il. *On ne peut pas espérer que des hommes qui ont lutté quatre ans dans le silence et des jours entiers dans les fracas du ciel et des fusils consentent à voir revenir les forces de la démission et de l'injustice sous quelque forme que ce soit.* Et il était également le seul qui, dans la frénésie de cette bataille, n'oubliait pas de répudier la violence pour elle-même : *Le temps témoignera que les hommes de France ne voulaient pas tuer et qu'ils sont entrés les mains pures dans une guerre qu'ils n'avaient pas choisie.*

Vingt-quatre heures plus tard, les premiers tanks de Leclerc entrent dans la capitale. L'éditorialiste de *Combat* salue l'événement et la *nuit sans égale*. Il évoque les morts et leur sacrifice : *Rien n'est donné aux hommes et le peu qu'ils peuvent conquérir se paie de morts injustes. Mais la grandeur de l'homme n'est pas là. Elle est dans sa décision d'être plus fort que sa condition. Et si sa condition est injuste, il n'a qu'une façon de la surmonter, qui est d'être juste lui-même.* Puis les jours passent et, si le ton demeure, les sujets changent. La guerre des barricades est terminée, ici et là les dissensions commencent au camp des vainqueurs, les vieilles méthodes reparaissent... Le temps est déjà venu de passer de l'enthousiasme à la critique.

Nous ne pouvons suivre l'éditorialiste de *Combat* dans toutes les luttes qu'il entreprit en 1944-45. Le drame de l'épuration fut un des premiers sur lesquels il dut se pencher. Sa position était difficile : d'une part, il réclamait la justice – une justice d'autant plus stricte qu'elle n'avait pas pour lui de répondant hors de ce monde – et de l'autre, il refusait de souscrire à un règlement de comptes massif qui masquait bien souvent une opération politique. L'anonyme de *Combat* avait ses camarades non, certes, à venger, mais à justifier sur cette terre. Mêmes difficultés d'appréciation – sur un plan évidemment moins élevé – en ce qui concernait, par exemple, l'action du Parti communiste : tout en se méfiant de sa doctrine d'efficacité à tout prix, *Combat* se refusait à un anticommunisme qui provenait tout droit de la réaction bourgeoise. En toutes choses, il essayait de garder la mesure, et sur un ton retenu. Sauf au seuil de l'ère de la Peur : le 8 août 1945, une fois de plus seul dans toute la presse, *Combat* définit la bombe d'Hiroshima : *Nous nous résumerons en une phrase : la civilisation mécanique vient de parvenir à son dernier degré de sauvagerie.*

Mais c'est sur la presse elle-même, sur le journalisme, que l'éditorialiste aimait à polémiquer. Et là aussi il s'attaquait à l'essentiel, car si ce monde avait été si mal – et si, hélas! il continuait à ne pas aller aussi bien qu'on l'eût souhaité – la cause première en était la perte de conscience des peuples et, avant tout, la futilité des informateurs. Aujourd'hui comme hier, la presse péchait *par paresse*. Elle s'éloignait à grands pas de sa définition établie pendant la Résistance, *une presse claire et virile au langage respectable.* Il s'agissait donc de reviser les valeurs du journalisme et d'exalter sa responsabilité. Sur ces bases, afin de donner à son pays une grande voix qui demeure *celle de l'énergie plutôt que de la haine, de la fière objectivité et non de la rhétorique, de l'humanité plutôt que de la médiocrité,* l'éditorialiste de *Combat* préconisait une véritable charte de la Presse. Informer bien au lieu d'informer vite, préciser le sens de chaque nouvelle par un commentaire approprié, instaurer un journalisme critique et en toutes choses ne pas admettre que la politique l'emporte sur la morale ni que celle-ci tombe dans le moralisme, telles étaient les consignes qu'il proposait à ses confrères et, pour commencer, imposait à son propre journal. La vérité oblige à dire qu'en s'y conformant il perdait des lecteurs tandis que les autres feuilles, en l'ignorant, en gagnaient. C'est ainsi qu'en novembre 1944, le reportage sérieux de *Combat* sur la prise de Metz compta peu pour l'opinion publique au regard de ce que les autres journaux y avaient vu d'abord, l'entrée de Marlène Dietrich dans la ville.

Et pourtant, la chose est sûre, la France eut rarement un journal comparable au *Combat* de cette époque pour la tenue, le style, la valeur des informations et le respect du lecteur.

Quelle était donc cette feuille étrange que ses habitués lisaient de la première ligne à la dernière ? Avant tout, l'œuvre d'une équipe de copains logés dans une imprimerie réquisitionnée et fort éloignés des mœurs de ceux qu'on appelle les « magnats de la presse ». Pendant quelque temps, par exemple, l'administration y fut, contrairement à ce qui se passe dans tous les journaux du monde, la parente pauvre de la rédaction. Les premiers jours, l'argent qui venait à *Combat* – dépositaires, crieurs, abonnés, etc. – était jeté en vrac dans une corbeille. Le soir, on faisait les comptes, on partageait. Et ce journal si peu orthodoxe possédait des collaborateurs à son image. Plein d'une sainte horreur des spécialistes, son directeur écartait d'emblée de chaque rubrique les gens qui y avaient fait carrière au bénéfice de ceux qui la connaissaient mal mais y projetteraient un regard neuf. C'est ainsi que Sartre, étant philosophe, se vit chargé du reportage « Paris insurgé », tandis que Jacques Lemarchand, qui n'allait que rarement au théâtre, reçut la critique dramatique et s'y rendit célèbre. Mais de telles fantaisies n'étonnaient déjà plus : la presse parisienne commençait à connaître Pascal Pia.

C'était bien Pia, en effet. Il avait quitté l'Algérie – après la mort prévisible, sous le régime de Vichy, d'*Alger républicain*, devenu *Soir-Républicain* – et, fidèle à lui-même, combattu dans la Résistance. Tout l'y prédisposait : son patriotisme, son libéralisme et jusqu'à son penchant pour la mystification qui se révéla fort utile à tromper la Gestapo. Mais si Pia dirigeait *Combat*, il en laissait l'éditorial à quelqu'un d'autre : à son ami algérois de 37-40, Albert Camus.

Camus éditorialiste de *Combat* continuait Camus reporter d'Alger. Il considérait le métier de journaliste comme aussi noble que celui de romancier ou d'auteur dramatique, et le labeur de l'imprimerie lui importait autant que la rédaction d'un article. M. Roger Grenier, compagnon de ces années, nous montre Camus « participant à toutes les discussions de la rédaction, revoyant la copie, faisant des titres, restant au marbre ». Il note son goût du travail collectif, son refus de signer ses éditoriaux. Il décrit, tandis que Camus, près des machines, observe la mise en page, la ferveur silen-

cieuse de l'atelier autour de lui. « Tout le personnel administratif, toute l'équipe de l'imprimerie, tous ceux qui l'approchaient, même s'ils n'avaient pas lu ses livres, même s'ils étaient très loin, par goût ou par nécessité, de l'univers des livres, comprenaient parfaitement qui était Camus et se trouvaient réconfortés et enrichis par son contact. » Après minuit, Camus quittait enfin « son » journal. Alors – mais il ne le sut jamais – les jeunes rédacteurs se faisaient tirer au rouleau une épreuve de son article et s'en allaient le lire et le commenter passionnément dans le dernier café ouvert.

Cette voix inquiète et grave dominant le tumulte de la Libération, chacun pouvait maintenant lui donner un visage, celui d'un homme tombé dans le domaine public. On commençait à savoir tout de lui, son origine, son action pendant les années noires et jusqu'au harcèlement de la maladie qui, en 1942, l'avait obligé à une cure dans la Haute-Loire. On n'ignorait plus qu'il était l'auteur des *Lettres à un ami allemand* écrites en pleine occupation *pour éclairer un peu le combat aveugle où nous étions et par là le rendre plus efficace.* J'ai dit plus haut sur quoi reposaient ces *Lettres :* la distinction entre l'homme et ses aliénations provisoires. Mais au vainqueur même – à celui qui avait eu raison et qui, dès le lendemain de sa victoire, aurait tant de mal à raison garder – elles apportaient aussi quelques définitions indispensables. Sur l'héroïsme, par exemple : *Nous le professons parce que dix siècles d'histoire nous ont donné la science de tout ce qui est noble. Nous nous en méfions parce que dix siècles d'intelligence nous ont appris l'art et le bienfait du naturel.* Au reste, *l'héroïsme est peu de chose, le bonheur est plus difficile. Je continue à croire que ce monde n'a pas de sens supérieur*, affirme une fois de plus Camus, mais il dénie qu'on doive pour autant se réfugier *avec les dieux* dans la volonté de puissance. Au désespoir de base, né du grand vide de la Création, il continue d'opposer, non le tout est permis et *d'abord la force*, mais ce que Scipion opposait à Caligula, la fidélité à la terre. *Ce monde a du moins la vérité de l'homme et notre tâche est de lui donner ses raisons contre le destin lui-même. Et il n'a pas d'autres raisons que l'homme, et c'est celui-ci qu'il faut sauver si l'on veut sauver l'idée de la vie. Votre sourire et votre dédain me diront : qu'est-ce que sauver l'homme ? Mais je vous le crie de tout moi-même, c'est ne pas le mutiler et c'est donner sa chance à la justice qu'il est le seul à concevoir.*

Cependant la France renaissait et, sauvée par les efforts de l'intelligence, s'abandonnait aux délices de l'intellectualisme. L'homme de lettres, crédité d'une confiance illimitée par quatre années de censure, accédait au rang de vedette (qu'il en profite! avant peu, on reviendra, comme toujours, aux putains et aux guerriers). Il n'était pas jusqu'à l'École d'Alger qui ne resurgît, partant gaillardement à la conquête de Paris – le libraire-éditeur Charlot s'y était transporté – et proposant sa métaphysique ensoleillée aux habitants de Saint-Germain-des-Prés, nouvelle capitale du Gai-Savoir. Elle y trouvait une rude concurrente : l'école existentialiste, dominée par le couple Sartre-Beauvoir. En quelques mois,

l'existentialisme avait submergé Paris. Sartre était devenu dieu. De sa table du café de Flore que le patron, solide cafetier auvergnat d'une école, elle, franchement réaliste, désignait sans vergogne aux touristes ébaubis, le « petit homme » voyait derrière ses grosses lunettes déferler jusqu'à lui la curiosité du public. Pas toujours informée, d'ailleurs : ce public discernait mal si l'existentialisme était une philosophie nouvelle ou une nouvelle manière de ne pas se couper les cheveux. Mais enfin on a tout dit sur cette époque où l'on attendait des poètes et où ce furent des professeurs qui vinrent, où l'âme pouvait enfin respirer au large et où les corps se hâtèrent de descendre dans des sous-sols. Une nuit, au Tabou – qui d'ailleurs n'était pas une cave mais un bistrot – la muse de ces lieux, Mlle Gréco, aperçut un grand garçon brun, chemise bleue et trench-coat. « Pas possible! Il danse! » Et pourquoi Camus n'aurait-il pas dansé ?

Mais en fait, il ne dansait pas. Je veux dire que le grand ballet de l'après-guerre ne pouvait l'entraîner dans ses figures trop strictes. L'École d'Alger le savait trop grand pour elle, et il refusait l'existentialisme qu'il tenait pour une *grande aventure de la pensée* aux *conclusions fausses* [1]. Quoi qu'il voulût, il était seul, et sans illusions sur les inconvénients prochains de cette solitude. Car une loi éternelle se vérifiait, et les vainqueurs, déjà, endossaient l'uniforme des vaincus : après une longue et terrible guerre pour la liberté, on commençait à redécouvrir les avantages du troupeau. Il y a rarement place pour un juste quand le « sauvetage de l'homme » implique l'embrigadement. Surtout si ce juste est un écrivain à la gloire trop jeune et trop brûlante pour ses confrères. Ainsi, au Flore et ailleurs, commença-t-on à évoquer « la conscience préfabriquée », « l'homme à la conscience entre les dents ».

L'insuccès du *Malentendu* avait mis, il est vrai, un peu de baume sur quelques blessures. Mais ce répit ne dura guère : en 1945, sur la scène du théâtre Hébertot, *Caligula* triompha. La vérité et l'amitié veulent qu'on associe à ce triomphe l'ac-

---

1. *Le seul livre d'idées que j'ai publié, le Mythe de Sisyphe, était dirigé contre les philosophes dits existentialistes.* (Déclaration à Jeanine Delpech, à Jean Grenier, etc.).

teur chargé du rôle principal, un jeune comédien encore au début de sa carrière, Gérard Philipe. Dans Caligula fou de lucidité, implorant la lune, brisant le miroir, Gérard Philipe souleva la salle. Il n'avait alors guère plus de vingt ans. Un professeur de diction lui avait naguère prédit que sa voix, légèrement nasillarde, l'écarterait du théâtre : c'était au contraire l'unique défaut par quoi un comédien de génie brise l'anonymat. Or Philipe avait du génie. Lyrique, inspiré, intelligent, il cumulait les dons de l'acteur : visage à la fois beau et expressif, tendre et viril, corps miraculeusement accordé aux canons des grands rôles. Ai-je besoin d'ajouter que les qualités de l'homme, et par-dessus tout une intransigeante honnêteté, rejoignaient celles de l'interprète ? Entre Camus et lui, ce fut une amitié immédiate. Elle se lit sur une photo de l'époque où l'on voit Camus regarder, des coulisses, Philipe répétant *Caligula :* quelle estime, quelle admiration, quelle affection dans ce regard ! Il est probable que la phrase : « Nous avons toute la vie devant nous pour faire de grandes choses ensemble » n'a jamais été prononcée. On ne peut pourtant se défendre d'une révolte du cœur en se rappelant que tous deux devaient mourir à quelques semaines d'intervalle, quinze ans plus tard [1].

Le triomphe de *Caligula* venait à une heure difficile : en pleine querelle des « philosophies de l'absurde » accusées des deux côtés, chrétien et marxiste, d'offrir à l'humanité un « alibi de démission ». Les premiers coups avaient été portés par *les Lettres françaises* contre Sartre, brusquement coupable de bourgeoisisme, en fait intolérable au Parti communiste, puisqu'il était de gauche et non stalinien. L'assaut en rangs serrés n'avait pas tardé à suivre. A bas les héros négatifs ! Vive les héros positifs ! Tel était le cri de guerre de toute une armée d' « engagés » mués en boy-scouts férocement optimistes. « Faut-il brûler Kafka ? » demandait *Action*, et les réponses, soigneusement dirigées, pleuvaient. Oui, il fallait brûler Kafka et, avec lui, tous les fauteurs d'angoisse et d'incertitude. Comment, en effet, l'angoisse pouvait-elle subsister

---

1. Apprenant la mort de Gérard Philipe, et qu'il avait demandé à être enterré à même la terre, Camus s'écria : « Voilà comme je voudrais être enterré moi aussi. »

dans un monde éclairé par Jésus et Karl Marx, un monde où il suffisait de choisir son camp ? Les écrivains « pessimistes » qui niaient le simplisme de ce choix et refusaient ce quiétisme politique étaient donc partisans du désordre moral et intellectuel ; ils étaient donc, et on ne le leur envoyait pas dire, des nihilistes, des réactionnaires, des fascistes camouflés.

Camus ne pouvait se tenir à l'écart de cette querelle. Bien entendu, il n'en était pas dupe : les intellectuels de Saint-Germain-des-Prés pouvaient bien, à l'ombre de leur clocher provincial, se croire au centre de la bataille, les consignes et les coups partaient d'ailleurs : des états-majors des partis. Il s'agissait pour chacun de ces partis de devenir, à l'aube d'une quatrième République assez mal conformée, le parti unique, c'est-à-dire le dictateur. Il s'agissait de faire le plein, de rameuter les « égarés » et en premier lieu les « questionneurs d'avenir » qui ne croyaient pas que l'Histoire se fixe si facilement. Pour cela, tous les moyens étaient bons : *l'Humanité* criait à la trahison, *l'Aube* ramenait le nietzschéisme au goût inavoué de la luxure et l'existentialisme au mépris. Kafka décrété pourrisseur, Nietzsche jouisseur, Heidegger farceur, il n'y avait plus aucune raison pour ne pas envoyer à un poteau symbolique – pour commencer – les écrivains « désespérés et désespérants » dont certains, il est vrai, avaient échappé de justesse à un autre poteau, les années précédentes. Ces mensonges, Camus ne s'attarda pas à les réfuter. Tout au plus, en quelques lignes souveraines, mit-il les choses au point : *Nous croyons que la vérité de ce siècle ne peut s'atteindre qu'en allant au bout de son propre drame. Si l'époque a souffert le nihilisme, ce n'est pas en ignorant le nihilisme que nous obtiendrons la morale dont nous avons besoin.* Il reconnaissait que *cette coïncidence dans quelques esprits d'une philosophie de la négation et d'une œuvre positive figurait le grand problème qui secouait douloureusement toute l'époque.* Mais : *C'est un problème de civilisation. Il s'agit de savoir si l'homme, sans le secours de l'éternel ou de la pensée rationaliste, peut créer à lui seul ses propres valeurs. Or, les civilisations ne se font pas à coups de règle sur les doigts. Elles se font par la confrontation des idées, par le sang de l'esprit.*

Concrètement, c'était bien la liberté et la justice qui étaient en cause, et à une heure que Camus pressentait décisive. Le 15 mars 1945, dans une allocution à la Mutualité, il dénonça, faits à l'appui, en ces temps où la France s'offrait à elle-même

Au banc de la presse (3ᵉ, au second rang, à partir de la gauche) lors du procès Pétain.

l'image complaisante d'une victime libérée de ses fers, la persistance du mensonge et de la haine. Écoutons ces paroles : elles nous parviennent aujourd'hui d'un passé déjà lointain, par-delà des années de guerres coloniales, par-delà toute une époque où la France résistante de 40-44 s'est parodiée ; elles décrivent à l'avance le processus de cette parodie : *C'est peut-être la dernière et la plus durable victoire de l'hitlérisme*

75

*que ces marques honteuses laissées dans le cœur de ceux mêmes qui
l'ont combattu de toutes leurs forces...* (Camus fait ici allusion
aux sévices et tortures infligés à des « collaborateurs ».) *A la
haine des bourreaux a répondu la haine des victimes... C'est à
l'ennemi qu'on cède encore... Il faut guérir ces cœurs empoisonnés.
Demain, la plus difficile victoire que nous ayons à remporter sur
l'ennemi, c'est en nous-mêmes qu'elle doit se livrer, avec cet
effort supérieur qui transformera notre appétit de haine en désir
de justice. Il s'agit de refaire notre mentalité politique. Cela
signifie que nous devons préserver l'intelligence. Il n'y a pas de
liberté sans intelligence.*

À l'époque où Camus prononçait ces paroles, il savait tôt
ou tard *Combat* condamné. La presse de distraction avait
gagné la partie : ses lecteurs s'amusaient du pittoresque scan-
dale des vins, mais restaient indifférents aux vrais scandales,
un « collabo » lynché à Dijon, les yeux crevés par un gamin
de quatorze ans, les affairistes de l'occupation protégés et
relancés sur d'autres affaires, les révoltés malgaches assassinés par milliers avec le consentement d'un proconsul
chrétien. Bientôt *Combat*, financièrement débile, serait
arraché à ses fondateurs. Il se trouvait à la merci d'un incident, et cet incident – la grève des imprimeurs – se produisit
au printemps 47. *Combat* passant en d'autres mains, *Combat*
devenu un journal « comme les autres », *Combat*, en bref, sans
Camus, il y avait là un signe : une page était tournée. Le temps
de la Libération était terminé. La Résistance avait gagné,
mais la Révolution ne s'était pas accomplie. Resterait-il
seulement, parmi les témoignages de cette époque, une
œuvre qui la prolongeât ? Même de cela, maintenant, on
pouvait douter. Sartre, atteint de prolifération romanesque,
se perdait dans le dédale des *Chemins de la liberté* qu'il lais-
serait finalement inachevés ; ses *Morts sans sépulture*, il l'avouait
lui-même, ne constituaient qu'une anecdote tragique. *Le
Sang des autres*, de Simone de Beauvoir, ne fixait qu'un
point de détail dans la lutte : la responsabilité devant le sacrifice d'autrui. De quoi donc souffraient ces ouvrages ? Bien
certainement, d'un manque de recul. Non pas d'un recul
temporel, à la façon d'E. M. Remarque écrivant *A l'Ouest*

rien de nouveau dix ans après la guerre, mais d'une « distan-
ciation » interne qui synthétise l'événement et l'élève jusqu'à
la fable. En somme, la Résistance réclamait une véritable
œuvre d'art. Prendre distance à l'égard des faits récents,
les projeter dans une allégorie qui fût le contraire d'un
mensonge puisqu'elle permettrait d'éclairer l'Histoire, dé-
placer ces années dans le temps et dans l'espace, les rendre
par cela reconnaissables à toutes les générations, voilà, sans
doute, ce que nous attendions d'un écrivain plus intuitif que
les autres. Il fallait la chronique et la légende, le réel et le
surréel ; il fallait le soleil et l'Histoire.

Notre attente ne fut pas déçue. En 1947 parut *la Peste*,
fable historique – et prophétique.

Oran. Regardez bien cette ville. Mais hâtez-vous ; avant
peu elle va être fermée au monde. Avant peu, elle va devenir
la capitale du désordre et de l'horreur.

Oran, donc... Allons, repoussons les images qui nous viennent : l'action de *la Peste* se situe en *194* * et non, comme on
serait maintenant tenté de le croire, en 195 * ou 196 *. Du
moins, la ville n'a pas changé – je veux dire qu'avant que le
pire n'y survienne, elle était bien dans l'état où Camus l'avait
laissée. Et qu'est-ce donc qu'Oran, future capitale de la
peste ? Une *ville ordinaire, une cité sans pittoresque, sans
végétation et sans âme* que Camus, en quatre pages, nous
décrit de façon presque exclusivement négative, comme s'il
s'agissait moins d'êtres, de paysages et de murs que du vide
qui les dessine et de l'attente qui les contient. Quelle attente ?
Évidemment, celle de la mort. Mais mourir à Oran, c'est
– c'était – simplement finir de vivre. Après une existence sans
destin, toute faite d'habitudes, travail, baignades, jeux de
cartes, bavardages, sans le moindre *soupçon d'autre chose*
– Oran est par excellence *la ville sans soupçons*, et, par là,
tout à fait moderne – on passait sans éclat de l'être au non-
être, dans l'inconfort d'un climat sec. Que manquait-il donc
à cette ville ? Justement, le sens de la mort. Il surgira *le matin*

du 16 avril avec les rats pesteux sortant en foule des égouts et crevant au milieu de la chaussée. Brusquement, à cause de cette prolifération de rats dont personne jusqu'alors ne voulait admettre l'existence, la mort cesse d'être une habitude comme les autres. Et elle cesse aussi d'être l'habitude des autres. Elle devient *l'affaire de nous tous*. Elle devient une tragédie.

Puisque tragédie il y a, consultons la liste des personnages. Nous verrons assez tôt qu'en fait il n'y en a qu'un, un seul. Mais pour l'instant, respectons leur nombre apparent. Le premier de tous est le docteur Bernard Rieux qui, ce matin d'avril, a buté sur le premier rat mort. C'est un homme d'environ trente-cinq ans, taille moyenne, toujours nu-tête, *l'air renseigné*. Fils d'ouvrier, devenu médecin de quartier, il vit entre sa vieille mère et sa femme qu'une maladie mortelle vient d'exiler dans un sanatorium de la métropole. Trait de caractère : dans l'exercice de sa fonction, comme dans ses rapports avec ses voisins et confrères, il ne se départit jamais d'une *certaine réserve* qu'on prend naturellement pour de l'indifférence. Rieux est de ceux qui pensent que *l'essentiel est de bien faire son métier*. Son combat, dépourvu de tout romantisme, se situe au niveau le plus quotidien : le geste immédiatement utile. Que penser d'un médecin qui annonce à la femme d'un malade, simplement : *Il est mort ?* Rien, sinon que cet homme a le cœur sec, ou qu'il a un secret. Or, Rieux a un secret : il n'a jamais pu admettre son impuissance devant la mort de ses semblables ; et sa *réserve* est une protestation contre le non-sens d'un univers dont l'Ordonnateur est absent et où la créature souffre en aveugle, sans espoir.

Un homme avec un secret, tel est également Jean Tarrou, mais lui arbore son énigme. *Jeune encore, la silhouette lourde, le visage massif et creusé*, Tarrou a fait un beau jour son apparition à Oran sans qu'on sût d'où ni pourquoi il venait. Il ne travaille pas, vit seul et passe son temps à flâner, se baigner, observer les gens de la ville et tenir le compte de leurs manies. Que cache-t-il donc ? Une aventure terrible. Le père de Tarrou était magistrat. Il requérait des condamnations à mort.

Oran : Une ville ordinaire, une cité sans pittoresque, sans végétation et sans âme. ▶

Un pourvoyeur d'échafauds : le jour où Tarrou comprit cela (au cours d'un procès auquel son père l'avait invité), le jour où il sut pourquoi, certaines nuits, son père se levait tôt en faisant sonner le réveille-matin, il s'enfuit. Il se sentait comme *pestiféré...* Et le principe de la condamnation à mort le poursuivait sans doute, car il eut encore l'occasion de voir fusiller un homme en Hongrie. Dès lors, il vécut dans l'horreur, mais aussi dans une détermination inébranlable : *J'ai décidé de refuser tout ce qui, de près ou de loin, pour de bonnes ou de mauvaises raisons, fait mourir ou justifie qu'on fasse mourir.*

Le secret de Joseph Grand s'avère beaucoup plus modeste. Joseph Grand, cinquante ans, employé de mairie au salaire dérisoire, abandonné par une épouse lasse de sa médiocrité, ne vit que pour se jeter à corps perdu, chez lui, chaque soir, dans un roman dont il n'a pu écrire que les premières lignes : *Par une belle matinée du mois de mai, une élégante amazone parcourait, sur une superbe jument alezane, les allées fleuries du Bois de Boulogne.* Cent fois la phrase est remise sur le métier et cent fois Joseph Grand, Sisyphe de l'écritoire, mesure la distance qui le sépare encore de ce don d'expression parfaite qui fera un jour l'émerveillement d'un éditeur : *Messieurs, chapeaux bas !* Quant au quatrième personnage qu'il sied d'évoquer ici, point de secret en lui, ou presque. Jeune journaliste de passage à Oran pour un reportage d'ailleurs manqué, Raymond Rambert songe uniquement à retourner à Paris et retrouver sa maîtresse. L'amour et le bonheur sont les seules affaires de sa vie.

Et voilà. Les trois coups sont frappés, le rideau se lève – et les rats empestent la ville. Comme il fallait s'y attendre, celle-ci réagit avec scepticisme. Comment en plein vingtième siècle une épidémie comme la peste se déclarerait-elle dans une cité aussi moderne ? Ce qu'on ignore, c'est que le vide des jours oranais, cette paix inutile ou plutôt inutilisée, appelait la peste en effet. Les Oranais n'avaient pas même conscience du bonheur de vivre : la peste va leur apprendre le malheur de mourir. Elle est là, les corps se couvrent de bubons, les agonisants râlent ; rien de plus précis. Alors, on joue avec les mots. Ce n'est pas la peste, mais une maladie banale, une *fièvre.* Les rats ? *On ne parle pas de rats à table,* réplique le sévère juge Othon à ses enfants. *On se dit que le fléau est irréel, c'est un mauvais rêve qui va passer. Mais il ne passe pas et de mauvais rêve en mauvais rêve, ce sont les hommes qui passent, et les humanistes en premier lieu parce qu'ils n'ont pas pris leurs précautions.* Au conseil sanitaire enfin réuni à la Préfecture, les autorités essaient tant bien que mal de repousser la réalité. Quand le vieux docteur Castel, ami de Rieux, prononce le mot fatal, le préfet sursaute et se retourne machinalement vers la porte *comme pour vérifier qu'il a bien empêché cette énormité de se répandre dans les couloirs.* Mais enfin si Oran se berce d'une fièvre inoffensive, le reste du monde qui échappe encore au fléau entend bien, lui, le définir. Un matin, donc, la ville est déclarée en quarantaine. L'état de siège est proclamé. Oran se ferme, devient un vase clos. Et commencent ces *vacances insupportables* où tombent les peuples dépossédés, aliénés par la victoire implacable du mal : ... *Il faudrait à nouveau évoquer ces éternels soirs dorés et poussiéreux qui tombaient sur la cité sans arbres pendant qu'hommes et femmes se déversaient dans toutes les rues. Car étrangement, ce qui montait alors vers les terrasses encore ensoleillées, vu l'absence des bruits, des véhicules et des machines qui font d'ordinaire tout le langage des villes, ce n'était qu'une énorme rumeur de pas et de voix sourdes, le douloureux glissement de milliers de semelles rythmé par le sifflement du fléau dans le ciel alourdi, un piétinement interminable et étouffant, enfin, qui remplissait peu à peu toute la ville et qui, soir après soir, donnait sa voix la plus fidèle et la plus morne à l'obstination aveugle qui, dans nos cœurs, remplaçait alors l'amour.*

Deux hommes pourtant ne sont pas sans trouver quelque avantage à la peste, sans communes raisons il est vrai. L'étrange Cottard qui, la veille de l'épidémie, avait tenté de se suicider sous le poids d'une inculpation obscure, reprend goût à l'existence dès que celle de ses concitoyens est menacée. Sa *surenchère de désespoir* le fait se ruer dans un nihilisme où d'ailleurs il trouve son profit (d'autres se sentiront simplement ragaillardis parce que tout va mal). Quant au Père Paneloux, éloquent jésuite, la peste est à ses yeux un châtiment,

c'est-à-dire une œuvre de justice. De la chaire de la cathédrale, il lance à une assemblée de fidèles venus là parce que *de toute façon, ça ne peut pas faire de mal*, une apostrophe qui les jette à genoux : *Mes frères, vous êtes dans le malheur, mes frères, vous l'avez mérité. Trop longtemps ce monde a composé avec le mal, trop longtemps il s'est reposé sur la miséricorde divine...* Nous devinons le reste et qu'en face de ces deux résignés, le « collaborateur » et le mystique, vont se grouper les résistants dans un réseau, entendez : une formation sanitaire. Car il faut *lutter de telle ou telle façon et ne pas se mettre à genoux.*

Ce regroupement, on a déjà compris qu'il s'effectue en un seul être. En Rieux, en Tarrou, voire en Joseph Grand et en Rambert, c'est Camus lui-même qui se rassemble. De Rieux il a la patiente humilité devant le métier quotidien et la réserve protestataire (et la vieille mère, et le père ouvrier) ; avec Tarrou il partage le goût de la solitude, de l'errance hautaine, des bains de mer, l'instinct d'observation, le refus de la peine de mort ; la passion malheureuse de Grand pour l'écriture raconte avec humour son combat d'écrivain pour l'expression parfaite ; enfin (sans oublier ce détail : le reportage sur *la condition des Arabes*, pendant de l'*Enquête en Kabylie*), est-ce Rambert ou Camus qui place en tête des valeurs nobles l'amour et le bonheur, est-ce Rambert ou Camus qui parle ainsi : *J'ai horreur des gens qui meurent pour une idée... Ce qui m'intéresse, c'est qu'on aime et qu'on meure de ce qu'on aime ?* Étonnant ouvrage qu'un écrivain tire de toutes ses convictions, contradictions et tentations, où il se reflète au moins en quatre miroirs. Mais l'admirable est ici que le « Connais-toi toi-même » déchiffre si lucidement toutes ses raisons d'agir dans le même temps qu'il rend pleinement justice à celles de n'agir point. Rieux, enseigné par *la misère* – autre ressemblance avec Camus –, a appris au contact de ses malades la vanité des victoires *toujours provisoires ;* il sait que la peste ne peut être qu'une *interminable défaite*, mais aussi que l'homme exige l'effort de le sauver. Tarrou lui apporte son aide au nom de sa *morale*, la *compréhension*, mais non sans arrière-pensée : il nourrit une ambition, celle de devenir un saint hors de la foi et des églises : *Peut-on être un saint sans Dieu ? C'est le seul problème concret que je connaisse aujourd'hui.* Pour Joseph Grand, que le narrateur désigne *plus que Rieux et Tarrou* (notons-le!) comme *le représentant réel de cette vertu tranquille qui animait les formations sanitaires*, point d'autre ambition que celle du militant : *Il y a la peste, il faut se défendre, c'est clair. Ah, si tout était aussi simple !* Quant à Rambert, tout se passe comme si Camus ne l'embrigadait dans la Résistance qu'au prix d'un regret poignant. Pendant les deux tiers du livre, Rambert multiplie les tentatives de fuite. Déserteur acharné, il veut à toutes forces s'évader de la ville-piège, rejoindre la femme qu'il aime. Dénué de toute hypocrisie, il expose sans fard ses raisons à ses camarades, et ceux-ci les approuvent. Et comment ne les approuveraient-ils pas ? Si tant est que leur but est le bonheur des hommes, comment n'admettraient-ils pas qu'au sein de la bataille, un bonheur-témoin, ardent et préservé, justifie les raisons de se battre ? Cependant, jour après jour, malgré son opiniâtreté à essayer d'en franchir les portes, Rambert se sent mystérieusement retenu en prison. Et finalement, comprenant qu'*il peut y avoir de la honte à être heureux tout seul*, il rejoint à son tour la formation sanitaire. *J'ai toujours pensé que j'étais étranger à cette ville et que je n'avais rien à faire avec vous. Mais maintenant j'ai vu ce que j'ai vu, je sais que je suis d'ici, que je le veuille ou non. Cette histoire nous concerne tous.*

Les dés sont jetés. A la tentation logique du suicide, Sisyphe avait déjà répondu par : vivre et faire vivre l'Absurde ; au nihilisme de Caligula, Cherea avait opposé la nécessité d'un ordre humain. Au mal, les compagnons de *la Peste* opposent la solidarité. Passons donc sur un récit qui est dans tous les esprits et qui transpose fidèlement les événements de l'occupation selon le principe de Daniel De Foe : *Il est aussi raisonnable de représenter une espèce d'emprisonnement par un autre que de représenter n'importe quelle chose qui existe réellement par quelque chose qui n'existe pas* (épigraphe du livre). A l'intérieur de cet enfer qu'est devenu Oran où *le meurtre des hommes est aussi quotidien que celui des mouches*, le drame, ne nous y trompons pas, est d'abord dans les âmes. Le drame est celui d'une fraternité qui trouve en elle seule ses raisons d'agir, hors de tout commandement supérieur, hors de tout bien absolu. Des hommes ont entrepris de sauver d'autres hommes, mais ils refusent la transcendance qui seule donnerait un sens total à leur action. Ils n'ont pas la foi – du moins ont-ils une conviction. Et par là, ils l'emportent sur le Père Paneloux, par exemple, dont les farouches certitudes ne tardent pas à fléchir. Sous les yeux du prêtre, un enfant est en train de mourir : agonie injustifiable. *Paneloux regarda cette bouche enfantine souillée par la maladie, pleine de ce cri de tous les âges. Et il se laissa glisser à genoux, et tout le monde trouva naturel de l'entendre dire d'une voix un peu étouffée mais distincte derrière la plainte anonyme qui n'arrêtait pas : Mon Dieu, sauvez cet enfant.* L'enfant ne sera pas sauvé, et pour la première fois Paneloux comprendra la vérité d'un autre cri, celui que Rieux lui jette au visage : *Ah, celui-là du moins était innocent, vous le savez bien !* En vain, dès lors, se réfugiera-t-il dans la grâce qui permet *d'aimer ce que nous ne pouvons pas comprendre.* En vain même participera-t-il héroïquement au combat tout terrestre des formations sanitaires. Il y sera toujours un étranger, le doctrinaire qui, par sa soumission à une volonté incompréhensible, garde jusque dans la pureté de ses actes une complicité sournoise avec le mal. Camus voyait dans *la Peste* son ouvrage le plus antichrétien. Avec raison sans doute, puisque *la Peste* est l'histoire d'un combat non seulement mené et gagné sans Dieu, mais justifié par lui seul. *Le salut de l'homme*, dit Rieux, *est un trop grand mot pour moi. Je ne vais pas si loin. C'est sa santé qui m'intéresse, sa santé d'abord.* Et, plus précisément : *Je ne sais ce qui m'attend et qui viendra après ceci. Pour le moment, il y a des malades et il faut les guérir... Puisque l'ordre du monde est réglé par la mort, peut-être vaut-il mieux pour Dieu qu'on ne croie pas en lui et qu'on lutte de toutes ses forces contre la mort sans lever les yeux vers le ciel où il se tait.*

Refus de Dieu ; mais en contrepartie, sens profond du sacré. Il s'exprime dans tout ce qui touche à l'inexprimable, et d'abord *l'exil*, la présence immatérielle et pourtant constante du *reste du pays* avec lequel il est impossible de communiquer sinon par des codes puérils fauteurs de malentendus. Ici, Camus pousse la transposition au plus subtil et au plus grandiose. Car si le *reste du pays*, entre 40 et 45, était les nations libres, prospères, heureuses, c'est dans *la Peste* uniquement l'essentiel : l'amour. La libération a le visage de l'amour, le visage de toutes les femmes : la femme de Rieux se mourant au loin, la maîtresse de Rambert que l'absence rend follement désirable, voire la vieille épouse du docteur Castel qui, elle, rejoint son mari pour affronter avec lui la peste considérée comme *peu de chose* auprès de leur séparation. Désir amer, désespéré, *amour lourd à porter, inerte en nous, stérile...* mais aussi aigu, insatisfait, moteur véritable de la lutte contre le mal. Oui (elle est remarquable, cette résurgence de l'amour courtois dans une œuvre aussi contemporaine), tout l'amour-absent, privé d'objet, exalté de sa privation, transmué en œuvres, frémit dans le ciel d'Oran où l'épidémie bat son fléau, sa *pièce de bois*. Et cet amour retombe en pluie de tendresse sur la ville. Entre Rieux et Tarrou s'établissent, comme entre les chevaliers de jadis, des rapports de tendresse virile. *Savez-vous ce que nous devrions faire pour l'amitié ? Prendre un bain de mer. ...Tarrou se rapprochait, on entendit bientôt sa respiration. Rieux se retourna, se mit au niveau de son ami et nagea dans le même rythme. Habillés de nouveau, ils repartirent sans avoir prononcé un mot. Mais ils avaient le même cœur et le souvenir de cette nuit était doux.* Vers la fin du livre, Tarrou sera – le dernier de la ville – atteint du mal inexorable. Alors, comme au crépuscule d'un combat mené durement côte à côte, le chevalier vainqueur se penche sur son infortuné compagnon, le chevalier navré agonisant au pied d'un arbre, devant *cette forme humaine qui lui avait été si proche* et qui, expirant *dans une plainte creuse*, le laisse *sur le rivage, les mains vides, sans armes et sans recours*, Rieux sentira *qu'il s'agissait cette fois de la défaite définitive, celle qui termine les guerres et fait de la paix elle-même une souffrance sans guérison*.

La fraternité le savait : il n'y a pas de vainqueurs. Sans doute un beau matin, après le recul de la peste et le retour, déjà ! de l'insouciance et de la sottise, *les portes de la ville s'ouvrent, saluées par le peuple, les journaux, la radio et les commu-*

niqués de la Préfecture. Tout se déroule comme prévisible : danses sur les places publiques, actions de grâces dans les églises, goinfreries, beuveries et châtiment de l'affreux Cottard. Mais un homme, au moins, n'est pas dupe : Rambert, par chance sain et sauf et que sa jeune maîtresse va maintenant rejoindre. *Il aurait souhaité redevenir celui qui au début de l'épidémie, voulait courir d'un seul élan hors de la ville et s'élancer à la rencontre de celle qu'il aimait. Mais il savait que cela n'était plus possible. Il avait changé, la peste avait mis en lui une distraction que de toutes ses forces il essayait de nier...* Sur le quai de la gare, *il n'eut pas le temps de regarder cette femme courant vers lui que déjà elle s'abattait contre sa poitrine. Et la tenant à pleins bras, serrant contre lui une tête dont il ne voyait que les cheveux familiers, il laissa couler ses larmes sans savoir si elles venaient de son bonheur présent ou d'une douleur trop longtemps réprimée, assuré du moins qu'elles l'empêcheraient de vérifier si ce visage enfoui au creux de son épaule était celui dont il avait tant rêvé ou au contraire celui d'une étrangère. Il saurait plus tard si son soupçon était vrai. Pour le moment, il voulait faire comme tous ceux qui avaient l'air de croire, autour de lui, que la peste peut venir et repartir sans que le cœur des hommes en soit changé.* N'en doutons pas : Rambert ne sera plus jamais vraiment heureux.

Rieux non plus, et pas seulement parce qu'il a perdu un ami et une femme. *Cette chronique touche à sa fin. Il est temps que le docteur Bernard Rieux avoue qu'il en est l'auteur.* Le « je » du livre qui a assumé tous les « nous », l'*un* pluralisé sans effort visible par le jeu d'une technique romanesque admirable, le conteur constamment absent-présent comme la guerre et la mort elles-mêmes, sa tâche est-elle enfin terminée ? Non, bien sûr : nous le voyons déjà, le stéthoscope à la main, penché sur le premier malade d'après la peste. Que lui reste-t-il ? Peu de chose puisque, analysant les raisons qui l'ont poussé à rédiger ce récit, il n'en trouve que de fort modestes : *ne pas être de ceux qui se taisent, témoigner en faveur de ces pestiférés...* De leur grandeur, de leur lucidité, de leur héroïsme ? Pas même... *de l'injustice et de la violence qui leur* (ont) *été faites.* Rieux moins que jamais ne s'illusionne. Il sait qu'aucun souverain bien ne sera le fruit de tant de mal. Tarrou, qui voulait être un saint sans Dieu, n'a trouvé sa paix que dans la mort ; pour tous ceux qui tentaient de dépasser l'homme à l'occasion d'une inhumaine tragédie, il n'y a pas eu de réponse. *Les hommes sont toujours les mêmes* et il faut donc réduire leur histoire à une suite d'événements qui agissent sur eux sans les transformer. Et pourtant, au terme de cette analyse impitoyable, brille une constatation que la peste a conduit Rieux à faire, une humble vérité, mesurée mais non médiocre, qui éclairera désormais toute sa vie : *Il y a dans les hommes plus de choses à admirer que de choses à mépriser.* C'est assez, faute d'être un saint, pour s'efforcer d'être un médecin.

Écoutant les cris d'allégresse qui montaient de la ville, Rieux se souvenait que cette allégresse était toujours menacée. Car il savait ce que cette foule en joie ignorait, et qu'on peut lire dans les livres, que le bacille de la peste ne meurt ni ne disparaît jamais, qu'il peut rester pendant des dizaines d'années endormi dans les meubles et le linge, qu'il attend patiemment dans la chambre, les caves, les malles, les mouchoirs et les paperasses et que, peut-être, le jour viendrait où, pour le malheur et l'enseignement des hommes, la peste réveillerait ses rats et les enverrait mourir dans une cité heureuse.

Tragédie jusque dans son découpage en cinq grands chapitres – comme les cinq actes traditionnels de la tragédie classique – *la Peste* ne portait pas l'indication « roman » sur sa couverture ; dédaignant la vertu commerciale du mot, elle se savait une chronique dramatique, une sorte de théâtre enfermé dans un livre. C'était sa grandeur, sa réussite. Dès lors, on peut s'étonner que, dans son ouvrage suivant, Camus ait commis l'erreur qu'il avait si bien su éviter : matérialiser l'allégorie et l'installer sur une vraie scène, au détriment de l'efficacité.

Certes, le sujet de *l'État de siège* diffère notablement de celui de *la Peste*. L'action se passe à Cadix et le protagoniste en est un tyran en chair et en os qui s'empare de la ville, y instaure une terreur bureaucratique et ne cède qu'à la révolte

d'un héros contre la peur. *Peste* est pourtant le nom de ce tyran et *Mort*, celui de sa secrétaire. C'est que *l'État de siège*, sans être exactement une commande, répond du moins à une demande. Depuis longtemps, Jean-Louis Barrault rêvait de mettre au théâtre le *Journal de la peste*, de Daniel De Foe. Apprenant que Camus écrivait un livre sur ce thème (et qu'il citait même en exergue un texte de De Foe), il s'empressa de lui en demander une adaptation scénique. Une « adaptation », pourquoi ? Qu'eût gagné Camus à revenir à De Foe après l'avoir transposé ? Cependant, le théâtre le tentait et aussi le spectacle que Barrault, promoteur d'un « théâtre total », lui proposait : non pas *une pièce d'une structure traditionnelle, mais un spectacle dont l'ambition avouée (serait) de mêler toutes les formes d'expression dramatique, depuis le monologue lyrique jusqu'au théâtre collectif, en passant par le jeu muet, le simple dialogue, la farce et le chœur.* C'était en partie ressusciter le mystère ou plutôt la « moralité » médiévale : *Condamnation de Tyrannie,* comme jadis *Condamnation de Banquet.* Camus finit par accepter, faute, peut-être, de mesurer l'exigence primordiale de l'entreprise : elle réclamait un art de masses et de plein air et, de la part du public, une certaine naïveté incompatible avec les velours et les ors du théâtre Marigny.

Ce qui le décida aussi, ce fut probablement le sentiment de n'avoir pas tout dit dans *la Peste*, ou plutôt la certitude qu'un an après, une autre *Peste* restait à écrire et que cette fois, l'épidémie devrait être nommée. Trois ans d'après-guerre avaient suffi aux résurgences du totalitarisme. Ah, il était déjà loin, le temps où *tout était si simple !* comme disait Joseph Grand. Aujourd'hui, d'anciens déportés politiques, tel David Rousset, à peine revenus des camps nazis, dénonçaient d'autres univers concentrationnaires ; derrière un rideau de fer brutalement abaissé, retentissait l'écho de nouveaux procès, de nouvelles exécutions. Entre 40 et 45, il y avait eu pour tout le monde d'un côté les bourreaux et de l'autre les victimes. A présent, on entrait dans une « ère des suspects » où tout le monde était a priori coupable, l'unique référence à cette culpabilité se perdant dans les fluctuations d'une Histoire soumise à la dialectique du Chef, du Parti et de leurs exécutants, les bureaucrates de la terreur.

Tout le monde coupable! c'était, on s'en souvient, le cri de Caligula. Et c'est aujourd'hui la nouvelle que le tyran Peste, grand sorcier de l'Histoire dressé sur les murs de Cadix, proclame aux habitants de la ville. Il règne : *c'est un fait, donc c'est un droit. Son palais est une caserne, son pavillon de chasse un tribunal.* Gouverne-t-il vraiment? Non, il *fonctionne.* Il *apporte l'Organisation. Le Destin désormais s'est assagi, il a pris ses bureaux.* Par le moyen des certificats de santé et d'existence distribués contradictoirement et arbitrairement, tout le monde est maintenant *dans la statistique* et *mis en ordre pour mourir* sous le fouet d'un maître qui a *horreur de la différence et de la déraison.* Quant à la prise du pouvoir, elle s'est effectuée le plus simplement du monde, Mort, compagne du tyran, rayant d'un trait de crayon tous ceux qui se rebellent. On ne résiste pas à la peur.

Si, justement. Parmi les habitants de la ville épouvantée se trouve un jeune homme, Diego, dont on ne s'étonnera pas d'apprendre qu'il est sensuel, amoureux, et d'abord uniquement occupé de la recherche du bonheur. Les constantes de Camus ont de ces rigidités. Comme dans *la Peste*, c'est un juge qui incarne l'ordre ancien, bourgeois et pseudo-libéral, assis naturellement sur l'injustice ; comme dans *la Peste*, les couples sont séparés (sur ordre du tyran) ; le « collabo » Cottard, élevé à une dimension caligulesque, devient le nihiliste Nada (Rien), l'ivrogne-infirme à qui le Chœur apporte une contradiction qui pourrait venir de Cherea : *Non, il n'y a pas de justice, mais il y a des limites ;* enfin, si Marthe, du *Malentendu*, rêvait d'une évasion vers la mer, si Rieux et Tarrou se libéraient de la servitude de l'épidémie par un bain nocturne, c'est le cri : *A la mer! A la mer!* qui soulève dans un fol espoir le peuple opprimé de *l'État de siège.* Mais revenons à Diego. Dès que son bonheur est menacé, Diego commence par se protéger égoïstement : contre la mort qui le poursuit jusque dans la maison de ses amours, il prend pour bouclier le fils de son futur beau-père, un enfant innocent. Puis sa révolte se révolte contre elle-même : il faut trouver un geste inédit, mais lequel? Diego l'invente d'instinct lorsque

Mort surgit devant lui et le raille : il la frappe au visage. Stupeur ! Cette gifle donnée efface sur sa chair, à lui, les marques de la condamnation. Car il y a une secrète faille dans les mécanismes de la tyrannie, elle perd tous ses pouvoirs devant un homme qui n'a pas peur. Et maintenant, il ne s'agit plus que d'arracher à toute la ville ce bâillon de la peur. Diego conduira cette entreprise ; il y périra, mais Peste sera chassé. Et la pièce s'achève sur un hymne à la liberté dont je n'ai plus à dire avec quel élément elle se confond : *O vague, ô mer, patrie des insurgés, voici ton peuple qui ne cédera jamais. La grande lame de fond, nourrie dans l'amertume des eaux, emportera vos cités horribles.*

Le Malentendu avait été un insuccès relatif, *l'État de siège* fut carrément un échec, en partie pour les raisons évoquées plus haut : à tout musicien il faut au préalable un instrument, et Camus ne disposait ni du théâtre antique ou médiéval, ni d'un peuple-spectateur unanime (il serait intéressant de reprendre aujourd'hui la pièce en plein air, ainsi qu'il l'avait projeté). N'en jetons pas pour autant la pierre aux critiques parisiens : Camus avait trop sacrifié à la rigueur du mythe la vérité de personnages, avouons-le, désincarnés. Mais il était dit qu'autour des années 50 l'alternative commanderait à ses entreprises théâtrales car, le 15 décembre 1949, sur cette même scène du théâtre Hébertot où avait triomphé *Caligula*, *les Justes* lui rendirent la faveur du public. Il faisait un pas de plus. Il mettait en cause non seulement la révolte mais son action, ses méthodes. Lutter contre une épidémie ou contre un tyran, soit, mais *comment ?* Comment, sans donner des gages, comment sans devenir Peste soi-même, comment sans se renier au moment même où l'on combat ?

A ces questions l'Histoire donnait une réponse ; il suffisait de lire un de ses chapitres les moins connus. Le sujet des *Justes* est puisé dans le passé. Il se rapporte au petit groupe de terroristes russes qui, vers les années 1905, commirent des attentats à la bombe sous le couvert de l'*Organisation de combat* du parti socialiste-révolutionnaire. Ces terroristes, tous fort jeunes et pour la plupart étudiants, Camus devait dans son prochain ouvrage leur donner un nom en apparence ironique : il les appellerait les *meurtriers délicats.* Kaliayev et ses amis vivaient en effet dans le paradoxe. Ils avaient choisi le métier d'assassins auquel rien ne les destinait parce qu'ils estimaient que la révolution ne pouvait avancer qu'à coups de bombes justicières ; mais en même temps, ils refusaient de légitimer le moyen employé, se reconnaissaient coupables de verser le sang, fût-ce de coupables, fût-ce pour le bonheur des hommes, et exigeaient que leur vie fût le salaire des vies qu'ils prenaient aux autres. *Nécessaire et inexcusable, c'est ainsi que le meurtre leur apparaissait.*

Au lever du rideau, cinq terroristes, Dora Doulebov, Boris Annenkov (chef du groupe), Ivan Kaliayev, Stepan Fédorov et Alexis Voinov ont décidé de tuer le Grand-Duc Serge dont la calèche emprunte un itinéraire soigneusement étudié. C'est Kaliayev qui a été chargé de lancer la bombe, et ce choix indispose Fédorov : Kaliayev, amoureux de Dora et poète, lui paraît *trop extraordinaire pour être révolutionnaire,* il se pose trop de questions, il discerne trop sensiblement la *différence* des êtres et par là rend malgré lui justice à une part de l'ennemi. Lui, Stepan, a depuis longtemps étouffé ses subtilités. Le bagne où il a été fouetté l'a *justifié* une fois pour toutes : il n'est plus qu'une machine à tuer. Et les faits, apparemment, lui donnent raison : au moment où la calèche passe à sa portée, Kaliayev y aperçoit deux occupants imprévus, les neveux du Grand-Duc que leur oncle a emmenés avec lui. Il ne lance pas la bombe. Assassiner des enfants n'entre pas dans sa mission.

Un attentat refusé, un retard et un risque grave assumés lucidement, une accusation de lâcheté planant sur lui, rien de tout cela n'a pu inciter Kaliayev à frapper des innocents, dût avec eux périr le coupable. C'est donc en coupable que lui-même reparaît devant ses amis et affronte la colère de Stepan. Querelle capitale : fallait-il, alors que des milliers d'enfants russes meurent de faim, retarder leur libération en épargnant les deux neveux bien nourris du Grand-Duc ? Si oui (c'est Stepan qui parle), *choisissez la charité et guérissez seulement le mal de chaque jour, non la révolution qui veut guérir tous les maux, présents et à venir. — Mais* (répond Dora) *la mort des enfants du Grand-Duc n'empêchera aucun enfant de mourir de faim. Même dans la destruction, il y a un ordre, il y a des limites. – Il n'y a pas de limites*, hurle Stepan, *la révolution a tous les droits !* Sursaut de Kaliayev : *Stepan, j'ai honte de moi et pourtant je ne te laisserai pas continuer. J'ai accepté de tuer pour renverser le despotisme. Mais derrière ce que tu dis, je vois s'avancer un despotisme qui, s'il s'installe jamais, fera de moi un assassin alors que j'essaie d'être un justicier.*

Tel est le problème, en effet, et l'Organisation, par la bouche du bon et sage Annenkov, approuve Kaliayev : *Tuer des enfants est contraire à l'honneur. Et si un jour, moi vivant, la révolution devait se séparer de l'honneur, je m'en détournerais.* Au surplus, l'attentat aura lieu quand même et Kaliayev le mènera cette fois à bien. Mais la pire épreuve l'attend encore. Après avoir tué le Grand-Duc, Kaliayev a été arrêté et naturellement condamné à mort. Dans sa cellule, une visite surprenante lui est annoncée : la veuve de sa victime. Bien entendu, un calcul infâme se cache sous cette démarche (le chef de la police en profitera pour affirmer que Kaliayev s'est repenti et a imploré sa grâce) ; cependant, c'est le plus sincèrement du monde que la Grande-Duchesse vient en effet demander la grâce de Kaliayev. Cette femme, animée de purs sentiments chrétiens, pardonne au meurtrier de son mari et veut prolonger sa vie afin que Dieu puisse sauver son âme.

Terrible confrontation. Plus que jamais, Kaliayev touche du doigt la sinistre ambiguïté de la révolte, innocente jamais tout à fait innocente, abattant des coupables jamais tout à fait coupables. *Sais-tu ce qu'il faisait, deux heures avant de mourir ? Il dormait. Dans un fauteuil, les pieds sur une chaise... comme toujours. Il dormait, et toi, tu l'attendais dans le soir cruel...* Mais la pitié même qui l'assaille à cette heure trouble lui apporte en même temps son véritable salut. Kaliayev refuse sa grâce et ainsi, justifie son acte. Homme contre homme, sang contre sang : oui, il est bien un juste, celui qui accepte l'obligation de tuer pour une cause à la seule condition de mourir à son tour. Ainsi se rejoignent en Kaliayev cet amour de la vie et cette vocation du suicide qui étonnaient tant

CAMUS. 4.

Les Justes *au théâtre Hébertot. De gauche à droite, Jean Pommier,*
Serge Reggiani, Maria Casarès, Yves Brainville, Michel Bouquet.

Fédorov. Il mourra donc, et loin de se croire trahis, ses
camarades comprendront et admireront sa conduite. Dora, la
première, exigera de l'imiter. Elle lancera la prochaine bombe
et sera la prochaine suppliciée. *Ne pleurez pas, non, ne pleurez
pas ! Vous voyez bien que c'est le jour de la justification. Quelque
chose s'élève à cette heure, qui est notre témoignage à nous
autres, révoltés : Yanek n'est plus un meurtrier. Un bruit terrible ! Il a suffi d'un bruit terrible, et le voilà retourné à la joie
de l'enfance. Vous souvenez-vous de son rire ? Il riait sans raison
parfois. Comme il était jeune ! Il doit rire, maintenant. Il doit
rire, la face contre la terre !*

Cette responsabilité du révolté, ce retour à l'innocence par
le juste équilibre de la mort, Camus y reviendra passionnément. Évoquant ces terroristes qu'il venait de mettre à la
scène : *Leurs cœurs extrêmes,* écrira-t-il, *n'oubliaient rien...
Une vie est payée par une autre vie et, de ces deux holocaustes,
surgit la promesse d'une valeur. Kaliayev et les autres croient à
l'équilibre des vies. Ils ne mettent donc aucune idée au-dessus de
la vie humaine, bien qu'ils tuent pour l'idée. Exactement, ils*

98

vivent à la hauteur de l'idée. Ils la justifient, pour finir, en l'incarnant jusque dans la mort... D'autres hommes viendront après ceux-là qui, animés de la même foi dévorante, jugeront pourtant ces méthodes sentimentales et refuseront d'admettre que n'importe quelle vie soit équivalente à n'importe quelle autre. Ils mettront alors au-dessus de la vie humaine une idée abstraite, même s'ils l'appellent l'Histoire, à laquelle, soumis d'avance, ils décideront, en plein arbitraire, de soumettre aussi les autres. Le problème de la Révolte ne se résoudra plus en arithmétique, mais en calcul des probabilités. En face d'une future réalisation de l'idée, la vie humaine peut être tout ou rien. Plus grande est la foi que le calculateur met dans cette réalisation, moins vaut la vie humaine. A la limite, elle ne vaut plus rien.

En 1949, inutile de préciser que le temps des autres hommes était déjà venu, ayant immédiatement succédé à celui des Kaliayev ; vaincu dans la pièce, Stepan Fédorov avait depuis longtemps gagné dans l'Histoire. Devenue Révolution, la Révolte ne se souciait plus que d'efficacité. Ils étaient bien loin – et périmés et « petit-bourgeois » – les scrupules du terroriste Savinkov refusant de participer à un attentat contre l'amiral Doubassov dans le rapide Pétersbourg-Moscou parce que *l'explosion pourrait tuer des étrangers*, ou ceux de son ami Voinevsky déclarant : *Si Doubassov est accompagné de sa femme, je ne jetterai pas la bombe.* La doctrine léniniste avait recodifié l'action du révolutionnaire. Sa vie revêtait maintenant un caractère sacré, en rapport avec le « calcul des probabilités » qui lui ordonnait, par exemple, de ne pas se dénoncer et de laisser fusiller des otages à sa place, 1°) parce que ces otages n'étaient pas des techniciens de la révolution aussi importants et utiles que lui, 2°) parce que l'exécution d'otages, c'est-à-dire d'innocents, soulèverait les populations et serait rentable pour la cause. Dans les années 50, beaucoup de gens approuvèrent ce raisonnement, et plusieurs même louèrent hautement le « courage de ne pas se dénoncer ». Peut-être ces intellectuels eussent-ils gagné à y regarder à deux fois, car la logique révolutionnaire va plus vite qu'eux. Et bientôt, au bout du calcul des probabilités, on ne trouve plus seulement des sacrificateurs d'otages mais des mitrailleurs de hasard. « Tuons, tuons, il en restera bien quelque chose. »

« Qui veut la fin veut les moyens. » En voyant grossir à l'horizon, tel un énorme soleil noir, le grand axiome du siècle, Camus s'indignait au nom d'une exigence intime qui, par bonheur, échappe à la dialectique : *Je ne suis pas assez grand pour me passer d'honneur.* Était-ce une vue tellement abstraite, ainsi que l'affirmèrent ses adversaires ? Pour les croire, il faudrait oublier d'étranges phénomènes de réversibilité dont notre époque a été le témoin. Endossant l'uniforme d'un autre, le Révolté, pareil au soldat réduit à « l'esprit de corps », devient un personnage typé, et la Révolte fait bientôt lever *la cohorte grimaçante de ces petits rebelles, graines d'esclaves, qui finissent par s'offrir, aujourd'hui, sur tous les marchés d'Europe, à n'importe quelle servitude.* Car il est, en définitive, *un certain conformisme révolté aussi contraire à la vraie révolte que la nuit l'est au jour.*

La fin justifie les moyens ? Cela est possible. Mais qui justifiera la fin ? A cette question que la pensée historique laisse pendante, la révolte répond : les moyens. Mensonges, « liquidations », procès kafkaiens, confusion des révolutionnaires, tout incitait Camus à s'élever contre la déshumanisation du siècle. Mais une ambition plus haute occupait son esprit : dresser le bilan de la Révolte et, principalement, de ses contradictions et de ses erreurs. Immense entreprise nécessitant une vaste culture politique et littéraire et des dons exceptionnels de synthèse. Elle réclamait une vision totale de l'histoire et du monde. Elle exigeait aussi de l'auteur qu'il revînt en arrière et poursuivît « une réflexion commencée dans *le Mythe de Sisyphe* autour du suicide et de la notion d'absurde » (J.-C. Brisville). En bref, une somme de l'Histoire et de Camus lui-même. Car s'il est vrai que, *chez certains écrivains, il semble que leurs œuvres forment un tout où chacune s'éclaire par les autres et où toutes se regardent,* on en trouve pourtant toujours une, privilégiée et nécessaire, qui fait à elle seule office de miroir. Le miroir de l'œuvre de Camus, c'est, à mon avis, ce livre incroyablement court et dense, léger de poids et lourd de substance, qui s'intitule *l'Homme révolté.*

L'Homme révolté étant un livre essentiellement méthodique, il nous paraît qu'une méthode est indispensable au commentaire que nous lui devons, et que la plus simple consiste à l'étudier chapitre par chapitre. On se récriera peut-être devant la sécheresse de ce résumé-lexique et ses omissions inévitables ; lui seul pourtant, ne serait-ce qu'en raccourci, permet de suivre pas à pas un ouvrage qui figure avant tout une démarche de la pensée.

I. l'homme révolté

Qu'est-ce qu'un homme révolté ? Un homme qui dit non. Mais s'il refuse, il ne renonce pas : c'est aussi un homme qui dit oui dès son premier mouvement. La révolte la plus négative (par exemple, celle de l'esclave qui brusquement se rebelle contre un ordre de son maître) contient forcément un élément positif : si je refuse d'accomplir tel acte à quoi l'on prétend m'obliger, c'est qu'en moi réside une volonté plus ou moins confuse du contraire, c'est *qu'il y a dans l'homme quelque chose à quoi l'homme peut s'identifier, fût-ce pour un temps.* Par conséquent : *Je me révolte, donc je suis.* Cependant mille exemples nous démontrent que la révolte ne naît pas seulement d'une oppression personnellement subie, mais au moins aussi souvent du spectacle de l'oppression des autres : l'individu révolté a donc le pouvoir de s'identifier également à un autre. *Dans l'expérience absurde, la souffrance est individuelle* (Meursault, Martha, Caligula). *A partir du mouvement de révolte, elle a conscience d'être collective, elle est l'aventure de tous* (Rieux, Tarrou, Diego, Kaliayev). Par conséquent : *Je me révolte, donc nous sommes.*

II. la révolte métaphysique

La révolte métaphysique est le mouvement par lequel un homme se dresse contre sa condition et la création tout entière (...). L'esclave proteste contre la condition qui lui est faite à l'intérieur de son état ; le révolté métaphysique, contre la condition qui lui est faite en tant qu'homme. Il se dresse sur un monde brisé pour en réclamer l'unité. Il oppose le principe de justice qui est en lui au principe d'injustice qu'il voit dans le monde. Ainsi, 1° *la rébellion la plus élémentaire exprime paradoxalement l'aspiration à un ordre* et 2°, s'adressant à une Puissance supérieure qu'elle entraîne par là *dans la même aventure humiliée que l'homme,* la révolte métaphysique ne saurait être confondue avec l'athéisme. *Sous un certain angle, elle se confond même avec l'histoire contemporaine du sentiment religieux.*

La révolte métaphysique proprement dite n'apparaît dans l'histoire des idées, de façon cohérente, qu'à la fin du XVIIIe siècle. Sans doute la décèle-t-on bien auparavant, ne serait-ce qu'en la personne du premier rebelle, Prométhée : pareil au révolté de notre temps, Prométhée lutte contre la mort, est à la fois messie et philanthrope. Mais les Grecs *qui n'envenimaient rien* en font un héros pardonné – et le terme même de « héros » nous indique suffisamment qu'il est un demi-dieu en simple désaccord avec les dieux, réglant, au fond, une simple affaire de famille. C'est que les Anciens étaient fort éloignés de notre réflexion métaphysique. S'ils croyaient au destin, ils croyaient d'abord à la nature, à laquelle ils participaient. Se révolter contre la nature revenait donc pour eux à se révolter contre soi-même, chose qui leur eût semblé impensable. Plus tard seulement, Épicure et surtout Lucrèce exprimeront toute la pesanteur du *camp retranché* où l'homme s'est enfermé avec le désespoir. Mais c'est qu'alors aura surgi dans le monde la conception toute nouvelle d'un Dieu unique et personnel, d'un Responsable, enfin, de l'homme et de la douleur.

De ce point de vue, nous sommes beaucoup plus les fils de Caïn que ceux de Prométhée. Avec le christianisme, une tentative est faite de *répondre par avance à tous les Caïns du monde en adoucissant la figure de Dieu.* Elle n'établit qu'un dualisme : d'une part, le Dieu terrible de l'Ancien Testament et de l'autre, le Dieu fait homme agonisant sur la croix. Mais à partir du moment où le christianisme est remis en question et la divinité de Jésus contestée, *Jésus frustré n'est qu'un innocent de plus* et *l'abîme qui sépare le maître des esclaves s'ouvre de nouveau. Ainsi se trouve déblayé le terrain pour la grande offensive contre un ciel ennemi.*

Cette offensive, Camus la circonscrit en trois périodes :

1º la négation absolue ; 2º le refus du salut ; 3º l'affirmation absolue. Chacune possédant son héros (ou chef de file) : Sade, Ivan Karamazov, Nietzsche.

Le marquis de Sade, quoi qu'on en ait dit, n'est ni un écrivain ni un philosophe de première grandeur. Pendant longtemps, son seul titre de gloire fut d'avoir passé vingt-sept ans en prison pour des crimes que son seul nom suffit à définir. Ce long embastillement explique toute son œuvre. Elle n'est qu'un long *cri de nature*, le cri de l'instinct sexuel puni, refoulé, exalté par la prison, niant Dieu, la morale et exigeant la possession totale des êtres jusqu'à la destruction. *La nature, c'est le sexe : sa logique conduit Sade dans un univers sans loi où le seul maître sera l'énergie démesurée du désir.* Liberté absolue, où la vertu se trouve donc proscrite : *La liberté est le crime, ou elle n'est plus la liberté.* Cette nécessité du crime, fatalement vouée à une organisation, conduit à des lieux clos, des *châteaux à sextuple enceinte* dans lesquels la société nouvelle, *Société du désir et du crime*, fonctionnera sans heurts, selon une discipline et des règlements forcément implacables. A l'inverse de Rousseau et des « vertueux » républicains de son siècle, Sade codifie la méchanceté naturelle de l'homme. C'est l'athéisme pur, le pur « tout est permis ». Mais ces couvents de débauches et de supplices sur quoi règne, maître et dieu, le libertin génial, ne tardent pas à trouver en eux-mêmes leur contradiction : ils rejoignent finalement une morne ascèse, une hideuse chasteté. Au déclin de sa vie, le vieux captif obèse qui rêvait d'un monde mécanisé de jouissance, faute de quoi il souhaitait l'attentat suprême, la *pulvérisation de l'univers*, n'est plus qu'un obscur cabotin amateur qui dresse ses tréteaux pour la récréation des fous.

Ivan Karamazov, lui, parle au nom de l'Amour. Au nom de l'Amour il prend le parti des hommes et met l'accent sur leur innocence. Au nom de l'Amour il juge Dieu : *Si le mal est nécessaire à la création divine, alors cette création est inacceptable... Si la souffrance des enfants sert à parfaire la somme des douleurs nécessaires à l'acquisition de la vérité, j'affirme que cette vérité ne vaut pas un tel prix.* Cette rébellion, Ivan la pousse à ses extrêmes conséquences : *Tout ou rien.* Je n'accepte mon salut que si tous les hommes sont sauvés ; un seul en enfer, et je le refuse. Or, les hommes sont en enfer (le mal, la souffrance, l'injustice, la mort des enfants), donc je détourne ma face et je crie : *Tout est permis.* Seulement, on ne peut, en effet, vivre la révolte que jusqu'au bout. Et que retrouve-t-on au bout ? Le mal, la mort (aucune morale n'est concevable sans immortalité) et, bien entendu, le crime. Ainsi, l'un des plus purs parmi les rebelles ne nous offre finalement que *le visage défait du révolté aux abîmes.* Incapable d'action, déchiré entre son innocence et la logique du meurtre, il hait la mort et marche vers l'assassinat. Contradiction effrayante, irrémédiable : Ivan deviendra fou – comme Sade.

Dès l'instant où l'homme soumet Dieu au jugement moral, il le tue en lui-même. Mais quel est alors le fondement de la morale ? On nie Dieu au nom de la justice, mais l'idée de justice se comprend-elle sans l'idée de Dieu ? Ne sommes-nous pas alors dans l'absurdité ? C'est l'absurdité que Nietzsche aborde de front. Pour mieux la dépasser, il la pousse à bout : la morale est le dernier visage de Dieu qu'il faut détruire avant de reconstruire. Dieu alors n'est plus et ne garantit plus notre être ; l'homme doit se déterminer à faire, pour être.

Lorsque Nietzsche paraît, Dieu est mort. Déjà Stirner a jeté les bases du nihilisme. La première démarche de Nietzsche est donc de consentir à l'athéisme, ainsi qu'à toutes ses conséquences, la non-finalité du monde, le rejet de la morale chrétienne basée sur le jugement et substituant à l'homme de chair un « homme-reflet », le rejet, également, des doctrines socialistes et égalitaires qui ne font que continuer le christianisme, la transformation, enfin, du *nihilisme passif* en *nihilisme actif.* Comment ? Certainement pas par une liberté totale. Au contraire, *à partir du moment où l'homme ne croit plus en Dieu, il devient responsable de tout ce qui vit, de tout ce qui est né de la douleur et voué à souffrir de la vie.* Tout est permis ? Non : *si rien n'est vrai, rien n'est permis.* Il faut *faire de la mort de Dieu un grand renoncement et une perpétuelle victoire sur nous-mêmes.* La réponse est dans le risque : *Damoclès ne danse jamais mieux que sous l'épée.* Elle est aussi dans l'héroïsme, cette adhésion entière et exaltée

Photo de Nietzsche, épinglée au mur dans le bureau de Camus.

au monde, à la fatalité. Nietzsche ne veut pas de rachat : la joie du devenir est la joie de l'anéantissement. Il y a un Dieu, en vérité, et il est le monde. Pour participer à la divinité, il suffit de dire oui à ce monde. Accepter tout, c'est régner sur tout. *Dire oui au monde, le répéter, c'est à la fois recréer le monde et soi-même, c'est devenir le grand artiste, le créateur. Le message de Nietzsche se résume dans le mot de création, avec le sens ambigu qu'il a pris. La transmutation des valeurs consiste seulement à remplacer la valeur du juge par celle du créateur : le respect et la passion de ce qui est.* Ainsi, selon Camus, *la Volonté de puissance* s'achève, comme les *Pensées* de Pascal, sur un pari. Mais ce pari, Nietzsche lui-même ne devait pas le tenir, car *le nom de Dionysos n'a immortalisé que les billets à Ariane qu'il écrivit dans sa folie.* Eh oui, au bout de sa logique, Nietzsche est devenu fou – comme Sade, comme Ivan.

Sade, Ivan, Nietzsche : trois héros nantis d'une nombreuse postérité. Ici commencent les avatars de la Révolte.

Pour Sade, la chose est simple. Cet inventeur de châteaux du vice rêvait d'une *déshumanisation opérée à froid par l'intelligence*. On peut dire qu'il a été suivi, à un détail près : lui qui ne concevait le crime que dans la liberté des mœurs a eu pour successeur des gens qui l'ont archilégalisé : *Le crime dont il voulait qu'il fût le fruit exceptionnel et délicieux du vice déchaîné n'est plus aujourd'hui que la morne habitude d'une vertu policière. Telles sont les surprises de la littérature.* D'Ivan Karamazov, ce n'est pas le déchirement qui nous demeure, mais la vision aujourd'hui matérialisée du Grand Inquisiteur qui refuse le pain du ciel avec la liberté et offre le pain de la terre sans la liberté. *De Paul à Staline, les papes qui ont choisi César ont préparé la voie aux Césars qui ne choisissent qu'eux-mêmes.* Quant à Nietzsche, qui considérait le mal comme un moyen de dépassement, un remède, un consentement de l'âme à ce qu'elle ne peut éviter, *une race de seigneurs incultes ânonnant la volonté de puissance* a fait de lui un instituteur de mensonge, de violence et de fanatisme. Est-il tout à fait innocent de cette parodie ? Non, certes, et quoiqu'il n'y ait rien de commun entre lui et Hitler, il n'en avait pas moins écrit : « Quand les fins sont grandes, l'humanité use d'une autre mesure et ne juge plus le crime comme tel, usât-il des plus effroyables moyens. » *Il est mort en 1900*, ajoute Camus, *au bord du siècle où cette prétention allait devenir mortelle.*

Quels que soient les contresens sordides que la politique ait fait subir au message de ces trois hommes, un fait demeure : dans l'esprit des révoltés qui les ont suivis, le *même si tu existes, je te refuse* d'Ivan à Dieu est devenu : *tu ne mérites pas d'exister*, puis *tu n'existes pas*. Dieu mort, restent les hommes, c'est-à-dire l'Histoire qu'il faut comprendre et bâtir. Avant d'analyser cette Histoire, Camus la fixe donc dans une définition supplémentaire de l'Homme révolté. C'était d'abord : *Je me révolte, donc je suis*. Presque aussitôt, et sur une simple constatation : *Je me révolte, donc nous sommes*. C'est maintenant la phrase finale : *... et nous sommes seuls*. A partir de là, *aux crimes de l'irrationnel, l'homme, sur une terre qu'il sait maintenant solitaire, va joindre les crimes de la raison, en marche vers l'empire des hommes*.

III. la révolte historique

La différence entre révolte et révolution, le passage de la révolte à la révolution constituent le sujet de ce long chapitre qui couvre près de la moitié du livre. La date fondamentale est 1793. Plus précisément, le 21 janvier 1793, jour où la révolte devint révolution en envoyant Dieu à l'échafaud en la personne de son représentant sur terre, le roi.

Ce sont les philosophes, et singulièrement Rousseau et son *Contrat social*, qui ont guillotiné Louis XVI. Jusqu'alors, la révolte (les hérésies, la Réforme, etc.) ne s'était affirmée qu'à l'intérieur d'une croyance qu'elle ne niait point ; Spartacus lui-même, soulevant ses gladiateurs contre Rome, n'avait pas mis en cause les dieux de la cité. Avec le *Contrat social*, tout change. *Jusqu'à lui Dieu faisait les rois qui, à leur tour, faisaient les peuples. Désormais, les peuples se font eux-mêmes.* Le 21 janvier 93, Saint-Just, disciple de Rousseau, désacralise l'Histoire en tuant le roi. Mais si une religion est morte, une autre aussitôt lui succède : la religion de la Raison identifiée à la vertu. « Notre but est de créer un ordre de choses tel qu'une pente universelle vers le Bien s'établira. » A peine Saint-Just a-t-il prononcé ces paroles, l'unique et nécessaire moyen de les accomplir lui apparaît en éclair. Lui qui voulait une justice « qui ne cherchât pas à trouver l'accusé coupable mais à le trouver faible »[1] – formule qui suscite, on s'en doute, l'admiration de Camus – verse aussitôt dans la Terreur. Le bien exige des têtes, la vertu ne saurait avoir d'ennemis vivants. Du moins Saint-Just mesure-t-il l'énorme contradiction du but et des moyens : son silence, à sa mort, le prouve. Mais le pas décisif a été fait, *les Jacobins ont durci les principes moraux* et *préparé les deux nihilismes contemporains : celui de l'individu et celui de l'État.* La raison se met en mouvement, ne se référant plus à aucun dieu mais simplement à son succès. Le règne de l'Histoire commence. Et « nul ne peut régner innocemment ».

---

1. Il a dit aussi que « l'idée du bonheur était neuve en Europe ». *Neuve surtout pour Saint-Just qui arrêtait l'histoire à Brutus.* (A. C.)

La justice, la raison, la vérité brillaient encore au ciel jacobin : ces étoiles fixes pouvaient du moins servir de repères. A partir du XIXᵉ siècle, une autre notion se fait jour : *l'homme n'a pas de nature humaine donnée une fois pour toutes, il n'est pas une créature achevée mais une aventure dont il peut être en partie le créateur.* On a reconnu l'entrée en scène de Hegel. Hegel donne à l'espoir de révolte de nouvelles bases. Il identifie le réel au rationnel ; il instaure une Histoire sans transcendance résumée en une contestation perpétuelle, c'est-à-dire, pratiquement, à la lutte des volontés de puissance : *Deviens ce que tu n'es pas encore.* Toute morale est par conséquent provisoire, *Hegel détruit définitivement toute transcendance verticale, et surtout celle des principes. Il instaure, sans doute, dans le devenir du monde, l'immanence de l'esprit. Mais cette immanence n'est pas fixe, elle n'a rien de commun avec le panthéisme ancien. L'esprit est, et n'est pas, dans le monde ; il s'y fait et il y sera. La valeur est donc reportée à la fin de l'Histoire. Jusque-là, point de critère propre à fonder un jugement de valeur. Il faut agir et vivre en fonction de l'avenir.*

Ce que Hegel détruit, ce n'est pas seulement la transcendance. Succédant aux régicides, ce déicide nous enseigne que le monde est sans innocence, étant séparé de l'esprit. D'ici la fin de l'Histoire, toute opération humaine sera donc coupable. « Innocente est seulement l'absence d'opération, l'être d'une pierre et pas même celui d'un enfant. » *Comment vivre alors, comment supporter, quand l'amitié est pour la fin des temps ? La seule issue est de créer la règle, les armes à la main. Tuer ou asservir,* les héritiers de Hegel se partageront les termes de cette alternative. Le premier – tuer – fournira au XIXᵉ siècle ses nihilistes et terroristes qui résoudront le problème du maître et de l'esclave par le suicide philosophique ou le sacrifice ; le second – asservir – créera au XXᵉ une nouvelle race d'hommes qui prononceront que l'esclave ne s'affranchit qu'en étant le maître à son tour. *Pourquoi le mouvement révolutionnaire s'est-il identifié avec le matérialisme plutôt qu'avec l'idéalisme ? Parce qu'asservir Dieu, le faire servir, revient à tuer la transcendance qui maintient les anciens maîtres et à préparer, avec l'ascension des nouveaux, les temps*

de l'homme-roi. Quand la misère aura vécu, quand les contradictions historiques seront résolues, le vrai dieu, le dieu humain sera l'État... Le cynisme, la divinisation de l'Histoire et de la matière, la terreur individuelle ou le crime d'État, ces conséquences démesurées vont alors naître, toutes armées, d'une équivoque conception du monde qui remet à la seule Histoire le soin de produire les valeurs et la vérité.

Terrorisme individuel, d'abord. Nouveaux Saint-Just – en ce sens qu'ils paient de leur vie les vies qu'ils ont prises pour l'idée – Kaliayev et ses amis visent à *recréer une communauté de justice et d'amour et à reprendre ainsi une mission que l'Église a trahie.* On sait leur attitude dans la Révolte et en quoi elle les justifie. Mais déjà le sectarisme de Pisarev, le cynisme de Netchaiev, le double jeu de Bakounine militarisent cette révolte dans la légitimité des moyens. Et peu à peu se fait jour une doctrine que le sinistre bouffon Chigalev définira dans *les Possédés :* « Parti de la liberté illimitée, j'arrive au despotisme illimité. » Despotisme à l'intérieur de la secte (où celui qui n'est pas « dans la ligne » est abattu), despotisme de l'État (dès que la secte est au pouvoir et que la culpabilité de ses membres s'élargit officiellement à la culpabilité de tous).

Terrorisme d'État : Camus le divise en deux catégories, selon qu'il pratique la terreur *irrationnelle* ou *rationnelle.* Sur le premier groupe (Hitler, Mussolini, le fascisme en général), nous ne croyons pas utile d'insister, sinon pour souligner ce qui le distingue du second, le manque – malgré les apparences – d'*ambition universelle*, la réduction à un dynamisme biologique pur et simple. « Devenir, écrit Junger, vaut mieux que vivre. » Et Rosenberg : « Le style d'une colonne en marche, et peu importe vers quelle destination et pour quelle fin cette colonne est en marche. » Sept millions de Juifs assassinés, sept millions d'Européens déportés ou tués, dix millions de victimes de guerre marquent la marche de cette colonne conduite par un *Jehovah botté* pour qui les hommes étaient des « bacilles planétaires ». Et pourtant, si l'on ose dire, elle ne pouvait aller bien loin. *L'Allemagne s'est effondrée pour avoir engagé une lutte impériale avec une pensée politique provinciale* qui ne pouvait conduire le nazisme qu'au suicide. *Hitler présente le cas, unique peut-être dans l'histoire, d'un tyran qui n'a rien laissé à son actif.* L'armée allemande eût-elle occupé Moscou, il est à peu près certain que le communisme eût ramené l'hitlérisme à ses fins. C'est qu'il possède, lui, pleinement, la notion de la Cité mondiale, et c'est là *sa force, sa profondeur réfléchie et son importance dans notre histoire.*

De Marx, Camus dit qu'il est *à la fois un prophète bourgeois et un prophète révolutionnaire.* Et d'abord, un héritier du christianisme. N'est-ce pas en effet le christianisme qui lui a déblayé le chemin en divorçant l'homme de la nature, en lui enseignant que ce monde n'est que le signe d'une Promesse qui le dépassera en l'engloutissant ? Comme lui, Marx voit dans la nature un simple « décor » où l'homme non consentant tend vers une fin dernière ; mais niant le christianisme, il ressuscite en fait le message judaïque, l'homme-dieu prenant la place du Dieu, sans médiateurs ni symboles terrestres. Quel est ce messianisme ? Finalement, essentiellement bourgeois, c'est vrai, car il repose sur le dogme scientiste du XIX⁰ siècle. Bourgeois et même conservateur : *Traite tirée de confiance sur l'avenir*, le dogme du progrès scientifique, fauteur d'optimisme rhétorique, *autorise la bonne conscience du maître. A l'esclave, à ceux dont le présent est misérable et qui n'ont point de consolation dans le ciel, on assure que le futur, au moins, est à eux. L'avenir est la seule sorte de propriété que les maîtres concèdent de bon gré aux esclaves.* Cependant, la prophétie marxiste est également révolutionnaire parce que liée à l'économie, créatrice d'antagonismes. Hegel affirmait que l'Histoire est à la fois matière et esprit. Marx nie l'esprit comme substance dernière et affirme le matérialisme historique. Pour lui, l'homme n'est qu'histoire, et particulièrement histoire des moyens de production. C'est le ramener entièrement aux rapports sociaux. *Il n'y a pas d'homme solitaire* (découverte capitale du XIX⁰ siècle) devient : « Il n'y a pas d'homme autrement que créé par le social et auteur-acteur du social ».

Parlant des « prédictions » et « prophéties » de Marx, Camus les affirme déjà démenties. *Capital et prolétariat ont été également infidèles à Marx.* C'est un fait que les crises économiques qui devaient se précipiter se sont au contraire espacées ; que le capital par actions a déconcentré l'argent que Marx voyait en des mains de moins en moins nombreuses ; que la complexité des moyens de production a fait proliférer les petites entreprises qu'il jugeait condamnées ; que l'économie agricole s'est totalement rebellée contre lui. C'est un fait également que l'idéal prolétarien n'a pas fait tomber les barrières nationales, mais que les barrières nationales l'ont fait tomber (1914) ; que la classe prolétarienne ne s'est pas paupérisée, comme il le prédisait, mais qu'elle a élevé son niveau de vie ; qu'elle ne s'est pas accrue indéfiniment, mais compartimentée en d'autres classes (les techniciens) ; que la division du travail, dont il pensait qu'elle serait évitée, est devenue inéluctable. « Division du travail et propriété privée, disait-il, sont des expressions identiques. » L'Histoire a démontré le contraire par l'avènement des technocrates. Mais cet événement a tout aussi bien ruiné le postulat de base du marxisme, l'extinction des antagonismes sociaux par le triomphe du prolétariat. *Marx dit bien qu'il n'y aura pas plus de classes après la révolution qu'il n'y a eu d'ordres après 1789. Mais les ordres ont disparu sans que les classes disparaissent, et rien ne dit que les classes ne céderont pas la place à un autre antagonisme social.* Cet autre antagonisme social, nous le connaissons aujourd'hui : c'est l'oppression, non plus par les armes ou l'argent, mais par la *fonction*. En bref, par le seul jeu des forces économiques admirées par Marx, le prolétariat a rejeté la mission historique dont il l'avait chargé, obligeant le socialisme à devenir « autoritaire » et à remettre cette mission aux mains des doctrinaires, ce qui équivalait à la nier.

La tragédie suit aussitôt. « Un but qui a besoin de moyens injustes n'est pas un but juste », écrivait Marx dont Camus loue l'exigence éthique et le talent de démystificateur de la société capitaliste (il note même curieusement à ce propos que Marx trahit son goût de parler de ce qu'il connaît le mieux en intitulant son livre, non pas *la Révolution* – comme c'eût été normal – mais *le Capital*). Très vite, ce but juste ne s'est plus soucié de la justice des moyens, mais uniquement de leur efficacité. Suivre Camus dans cette démonstration, c'est retracer toute l'histoire du communisme depuis Lénine. Lénine n'a pu vaincre qu'en aiguisant pour lui les armes dont se servait déjà le capitalisme et en respectant son organisation (« la discipline et l'organisation (du communisme) sont, dira-t-il, assimilées plus facilement par le prolétariat grâce à l'école de la fabrique »). Marx dénonçait à juste titre le phénomène d'accumulation par quoi le capitalisme se faisait oppresseur ; or, à peine venue au pouvoir, la révolution, s'industrialisant à son tour, s'est aperçue que l'accumulation tenait à la technique même et non au capitalisme. C'était une question de puissance : il a donc fallu renvoyer la justice à plus tard. *La rente est remplacée par la peine de l'homme et le développement ininterrompu de la production n'a pas ruiné le régime capitaliste au profit de la révolution. Il a ruiné également la société bourgeoise et la société révolutionnaire au profit d'une idole qui a le mufle de la puissance.*

Le marxisme, *non pas scientifique mais tout au plus scientiste,* imagine une fin de l'Histoire après tout fort contestable. La réalisation de cette *pétition de principe* décrétée en *langage d'encyclique,* contredite par l'éloignement incessant de la parousie prolétarienne, devenue pur article de foi, conduit à un Royaume, c'est vrai, mais au *Royaume des Fins.* En toute logique donc, Lénine accomplit le pas décisif et instaure l'Empire militaire. Il faut tuer toute liberté pour conquérir la liberté. Dès lors *le chemin de l'unité,* passionnément recherché par les révoltés du siècle précédent, *passe par la totalité,* son contraire. Il va de soi que l'Histoire n'a plus aucune tendresse pour les forces du passé : « La prochaine guerre mondiale fera disparaître de la surface de la terre, non seulement des classes et des dynasties réactionnaires, mais encore des peuples réactionnaires entiers » (Engels) ; mais ces forces du passé ont du moins légué aux nouveaux révolutionnaires leur stratégie. L'autocratie s'appuyait sur la police. Lénine basera la révolution sur une *armée de métier* de policiers, d'agents secrets, de *moines réalistes.* A partir de cet instant, *le prolétariat n'a plus de mission. Il n'est qu'un moyen puis-*

sant, parmi d'autres, aux mains d'ascètes révolutionnaires.

Certes, Lénine, *amant passionné de la justice*, ne concevait ces moyens que pour le but à atteindre, le dépérissement de l'État. Mais outre qu'il avouait ignorer le rythme du développement vers cette phase supérieure du communisme, il est sûr, aujourd'hui, qu'un démenti de sa doctrine s'inscrit au moins dans le renversement de la tendance : l'État n'a cessé de devenir plus fort et plus contraignant. C'est peu dire : fondé sur une doctrine de l'Histoire, il a instauré le Procès en permanence. Toute cohérence du passé à l'avenir qui n'est pas purement économique suppose une constante de la nature humaine que l'Église marxiste ne peut accepter : elle condamne donc et persécute toutes les intrusions de l'irrationnel, tous les rapports d'art et de civilisation qui échappent à l'Histoire, tous les *génies hérétiques* (Freud) en marge de la Loi. Dans cet Empire, le dialogue, devenu impossible, est remplacé par le monologue de la propagande (ce monologue dont Camus remarque, à propos des surréalistes convertis au marxisme, qu'il passe sinistrement les inventions verbales de leur jeunesse). Même le refus par la mort est interdit : on « disparaît » ou on se déclare coupable avant d'être tué devant l'Histoire. Enfin, vivre dans la foi ne suffit plus : on peut être objectivement coupable. L'Église, voire son seul chef en décident. L'avenir fera au besoin les rectifications nécessaires, *la chose sera jugée plus tard quand victime et bourreau auront disparu. Achevant son histoire à sa manière, la révolution ne se contente pas de tuer toute révolte. Elle oblige à tenir responsable tout homme, et jusqu'au plus servile, de ce que la révolte ait existé et existe encore sous le soleil. Dans l'univers du procès, enfin conquis et achevé, un peuple de coupables cheminera sans trêve vers une impossible innocence sous le regard amer des Grands Inquisiteurs.* Et voici la grande contradiction enfin établie et triomphante. Car *la contradiction ultime de la plus grande révolution que l'Histoire ait connue n'est point tant, après tout, qu'elle prétende à la justice à travers un cortège ininterrompu d'injustices et de violences. La tragédie est celle du nihilisme, elle se confond avec le drame de l'intelligence contemporaine qui, prétendant à l'universel, accumule*

les mutilations de l'homme. La totalité n'est pas l'unité. L'état de siège, même étendu aux limites du monde, n'est pas la réconciliation.

Ici s'achève l'itinéraire surprenant de Prométhée. Clamant sa haine des dieux et son amour de l'homme, il se détourne avec mépris de Zeus et vient vers les mortels pour les mener à l'assaut du ciel. Mais les hommes sont faibles, ou lâches : il faut les organiser. Ils aiment le plaisir et le bonheur immédiat : il faut leur apprendre à refuser, pour se grandir, le miel des jours. Ainsi Prométhée, à son tour, devient un maître qui enseigne d'abord, commande ensuite. La lutte se prolonge encore et devient épuisante. Les hommes doutent d'aborder à la cité du soleil, et si cette cité existe. Il faut les sauver d'eux-mêmes. Le héros leur dit alors qu'il connaît la cité, et qu'il est seul à la connaître. Ceux qui en doutent seront jetés au désert, cloués à un rocher, offerts en pâture aux oiseaux cruels. Les autres marcheront désormais dans les ténèbres, derrière le maître pensif et solitaire. Prométhée, seul, est devenu Dieu et règne sur la solitude des hommes. Mais, de Zeus, il n'a conquis que la solitude et la cruauté ; il n'est plus Prométhée ; il est César. Le vrai, l'éternel Prométhée a pris maintenant le visage d'une de ses victimes. Le même cri, venu du fond des âges, retentit toujours au fond du désert de Scythie.

IV. révolte et art - la pensée de midi

Puisque la révolution se retourne contre le révolté, et celui-ci contre la révolution, la définition doit être précisée : *Je me révolte, donc je suis, donc nous sommes, et nous sommes seuls* ne peut plus s'accepter que dans un dessein clarifié : *La révolte, aux prises avec l'Histoire, ajoute qu'au lieu de tuer et mourir pour produire l'être que nous ne sommes pas, nous avons à vivre et faire vivre pour créer ce que nous sommes.*

« Nous sommes » et non « nous serons » : ce choix décisif de Camus, l'art l'illustre. Il n'est pas sans signification en effet que de Platon à Nietzsche et à Marx tous les réformateurs se soient méfiés de l'art qui, pourtant, est inséparable de la révolte puisque lui aussi veut refaire le monde. Quel est donc, à leurs yeux, son crime ? *Refuser le réel ?* Mais l'exemple des peintres (Delacroix, Van Gogh), des romanciers (Mme de

La Fayette, Proust) démontre que si l'art conteste le réel il ne se dérobe pas à lui ; il exalte au contraire une part de lui qui est la beauté, transcendance présente, tangible ; il conjugue la nature et l'Histoire, et par là *réalise sans effort apparent la réconciliation du singulier et de l'universel dont rêvait Hegel.* Bien sûr, cela n'est vrai qu'à condition pour lui d'éviter deux pièges : le formalisme pur et le réalisme intégral. Mais qui ne voit que ces deux pièges sont également deux mensonges, sinon deux impossibilités ? Art sans justice [1], le formalisme pur conduit au nihilisme, et le réalisme intégral (ou « réalisme socialiste »), bientôt conscient de ses limites – car le réalisme à 100 % est impossible, l'unique artiste totalement réaliste serait Dieu –, tombe dans la propagande. Qu'est-ce donc que l'art ? C'est une création. Ainsi rejoint-il la révolte : *En art, la Révolte s'achève et se perpétue dans la vraie création, non dans la critique ou le commentaire. La Révolution, de son côté, ne peut s'affirmer que dans une civilisation, non dans la terreur ou la tyrannie. Les deux questions que pose désormais notre temps à une société dans l'impasse : la création est-elle possible, la révolution est-elle possible, n'en font qu'une, qui concerne la renaissance d'une civilisation.*

Cette civilisation, sur quoi repose-t-elle ? Sur la mesure. Car *il y a pour l'homme une action et une pensée possibles au niveau moyen qui est le sien,* tandis que *toute entreprise plus ambitieuse se révèle contradictoire ;* et d'ailleurs, la science elle-même confirme que le monde *n'a de réalité définissable qu'à l'échelle des grandeurs moyennes qui sont les nôtres.* Cette mesure est-elle une médiocrité ? Nullement : mais au contraire, une tension pathétique soutenue par un effort constant, héroïque, de l'esprit. Si la Révolte peut fonder une philosophie, que ce soit donc une philosophie des limites, *une force et non une violence ;* qu'elle instaure la responsabilité calculée, la culpabilité calculée, le risque calculé, en face de tous les absolus mensongers des dogmes et des messianismes. *Pour conquérir l'être, il faut partir du peu d'être que nous découvrons en nous* et non le nier au profit d'un être imaginaire. *Apprendre*

---

1. « Le but de l'artiste est de rendre justice à l'univers visible. » (Conrad.)

à vivre et à mourir, et pour être homme refuser d'être dieu, telle est l'ultime leçon de sagesse que nous donne *l'Homme révolté.* Alors, au-delà des nihilismes de l'injustice, de la tyrannie et de la terreur, nous retrouverons l'amour, nous serons de nouveau en accord avec la terre. *Au midi de la pensée, le révolté refuse ainsi la divinité pour partager les luttes et le destin communs. Nous choisirons Itaque, la terre fidèle, la pensée audacieuse et frugale, l'action lucide, la générosité de l'homme qui sait... Nos frères respirent sous le même ciel que nous, la justice est vivante.*

« Bréviaire de l'honneur à l'usage de l'homme d'aujourd'hui *coincé entre les Pharaons cruels et le ciel implacable, l'Homme révolté* s'inscrit finalement dans la tradition de notre grande littérature héroïque. Et ce n'est pas le trait le moins original de cet essai que de prôner une morale aristocratique pour la mettre au service d'une action et d'une pensée situées au niveau moyen de l'homme », écrit excellemment M. J.-C. Brisville. On s'est rendu compte par ailleurs que ce livre (dont nous ne prétendons certes pas avoir épuisé la substance en si peu de pages) possède un mérite rare à notre époque : étranger au *langage scolastique ou administratif propre aux doctrines totalitaires,* l'auteur y traite en clair de sujets que le vocabulaire de la philosophie contemporaine soustrait généralement aux profanes. Camus n'est pas un technocrate. Il est donc naturel que lorsqu'on se plaît à cueillir des phrases dans son œuvre, c'est souvent dans *l'Homme révolté* qu'on les trouve. Ainsi : *les hommes ne sont jamais bien morts que pour la liberté ; ils ne croyaient pas alors mourir tout à fait.* – ... *cette autre sorte de solitude qui s'appelle promiscuité...* – *La terreur est l'hommage que des haineux solitaires finissent par rendre à la fraternité des hommes.* – *L'homme n'est pas entièrement coupable : il n'a pas commencé l'histoire ; ni tout à fait innocent puisqu'il la continue.* – *La vraie générosité envers l'avenir consiste à tout donner au présent...*

A l'homme qui veut tout donner au présent, que va répondre le présent ? Naturellement, la gloire et l'injure.

Parmi les nombreuses polémiques, d'une honnêteté parfois douteuse, que suscita *l'Homme révolté*, celle des *Temps modernes* fut la plus cruelle pour ceux qui s'étaient accoutumés à unir Sartre et Camus dans la même affectueuse estime. Entre ces deux maîtres de la pensée contemporaine fixés dans leur choix, je ne vois guère de tiers dont l'hostilité, en fin de compte, n'authentifie un des thèmes du livre : *Une révolution qu'on sépare de l'honneur trahit ses origines qui sont du règne de l'honneur.* Voire l'œuvre tout entière de Camus : *D'une certaine manière, le sens de l'histoire de demain n'est pas celui qu'on croit. Il est dans la lutte entre la création et l'inquisition.*

Cette dernière citation est extraite de *l'Été* que Camus publia en 1954, trois ans après *l'Homme révolté*. Celui que les critiques marxistes devaient appeler « le philosophe du mythe et de la liberté abstraite, l'écrivain de l'illusion », y insérait des textes écrits entre 1939 et 1953 (ce pour quoi nous étalons cet ouvrage sur toute l'étendue de notre étude). Suivirent d'autres livres et des adaptations théâtrales que la stricte chronologie nous inviterait à commenter à cette place. Nous ne le ferons pourtant pas. Il nous semble en effet qu'après *l'Homme révolté* une logique plus exacte nous impose de montrer Camus au sommet de sa carrière. Sautons donc quelques années sur lesquelles nous aurons loisir de revenir et évoquons cette gloire que l'injure accompagne.

Le 17 octobre 1957, l'Académie suédoise décernait « à l'écrivain français Albert Camus » le Prix Nobel de Littérature pour l'ensemble d'une œuvre qui « met en lumière les problèmes se posant de nos jours à la conscience des hommes ». La nouvelle fit sensation dans les milieux littéraires. Camus avait quarante-quatre ans. Il recevait une récompense que seuls alors deux écrivains français vivants, Roger Martin du Gard et François Mauriac, partageaient avec lui. Applaudissements, ricanements. J'ai tout lieu de croire que, dans cette consécration, Camus vit surtout l'occasion de définir une nouvelle fois sa vocation d'écrivain : le 10 décembre, à Stockholm, dans le discours d'usage, et le 14 décembre à l'université d'Upsala, dans une conférence intitulée *l'Artiste et son temps*.

L'art est-il un luxe mensonger ? Oui, quand il se réduit au pur divertissement formel d'une société marchande – la nôtre – qui a depuis un siècle remplacé les choses par les signes. Cependant l'artiste digne de ce nom ne se contente pas longtemps de ce rôle d'amuseur où sa liberté de principe masque une oppression de fait et consent au malheur des hommes. La tentation est alors grande, soit de se réfugier dans la malédiction, soit de trahir le réel qu'on cherche à améliorer en le déformant dans une doctrine politique. Équilibrer le poids de réel d'une œuvre d'art est donc le problème capital de l'artiste. Car *l'art n'est pas à mes yeux une réjouissance solitaire. Il est un moyen d'émouvoir le plus grand nombre d'hommes en leur offrant une image privilégiée des souffrances et des joies communes.* Le but de l'art n'est pas de juger et de légiférer, mais de comprendre. *Qui après cela pourrait attendre de lui des solutions toutes faites et de belles morales ? La vérité est mystérieuse, fuyante, toujours à conquérir. La liberté est dangereuse, dure à vivre autant qu'exaltante* (mais le danger luimême discipline l'art, le rend *classique*). Vers ces deux buts, vérité, liberté, nous devons marcher résolument, clairvoyants de nos défaillances. Quel écrivain oserait se faire prêcheur de vertu ? *Quant à moi, il me faut dire une fois de plus que je ne suis rien de tout cela. Je n'ai jamais pu renoncer au bonheur d'être, à la vie libre où j'ai grandi. Mais bien que cette nostalgie explique beaucoup de mes erreurs et de mes fautes, elle m'a aidé sans doute à mieux comprendre mon métier, elle m'aide encore à me tenir, aveuglément, auprès de tous ces hommes silencieux qui ne supportent dans le monde la vie qui leur est faite que par le souvenir ou le retour de brefs et libres bonheurs.*

La gloire. Oui, c'est un écrivain célèbre et que l'on peut même croire heureux, celui qu'on nous montre à cette époque. Mais ne nous y trompons pas : en 1957, applaudi, fêté, admiré ou haï, Camus est déjà, et restera jusqu'à sa mort, un solitaire cherchant avidement son royaume. Voyez-le, dans le flot des événements qui l'entourent, s'avancer comme il l'avait prédit, *inconfortable, s'engageant avec innocence sur un fil d'équilibre, sans être sûr d'atteindre le but.* Cet homme est en exil.

L'EXIL ET LE ROYAUME

Solitaire ? Solidaire ?
L'Exil et le Royaume.

Madagascar, Tunisie, Maroc, Indochine : à peine libérée, la France est assignée au tribunal de la liberté. Mais lorsque, le 1er novembre 1954, l'Algérie se soulève à son tour, Camus prend la mesure de l'événement : c'est sa patrie, sa terre natale qui se dérobe sous ses pieds.

Il avait écrit en 1939 dans son *Enquête en Kabylie : Devant cet immense paysage... je comprenais quel lien pouvait unir ces hommes* (les Arabes) *entre eux et quel accord les liait à leur terre... Et comment alors n'aurais-je pas compris ce désir d'administrer leur vie et cet appétit de devenir enfin ce qu'ils sont profondément : des hommes courageux et conscients chez qui nous pouvons sans fausse honte prendre des leçons de grandeur et de justice ?* En mai 1945, quand éclatent les émeutes de Guelma et de Sétif, Camus reprend la plume, cette fois dans *Combat : Sur le plan politique, je voudrais rappeler que le peuple arabe existe...* Il dénonce, une fois de plus, les deux maux dont souffre l'Algérie : la misère et l'injustice. Il fait l'historique de cet état de choses, incrimine les colons perpétuellement sourds aux revendications indigènes et sabotant les timides réformes édictées par la métropole ; il décrit l'amertume des Arabes, leur refus d'une assimilation qu'ils eussent acceptée vingt ans plus tôt et qui ne leur apparaît plus que comme une nouvelle *machine de colonisation ;* enfin, rejetant une image conventionnelle du rebelle, il propose à l'opinion française un honnête portrait du chef du Parti du Manifeste, Ferhat Abbas, Algérien de culture française, lecteur de Pascal, esprit *logique et passionné.* Conclusion : *A tout prix il faut apaiser ces peuples déchirés et tourmentés par de trop longues souffrances... C'est la force infinie de la justice, et elle seule, qui doit nous aider à reconquérir l'Algérie et ses habitants.*

Paroles dans la tempête. La guerre éclate et coupe la France en deux, comme l'affaire Dreyfus. Pour la droite, pas de problème. L'Algérie est province française, par conséquent, il n'y a pas guerre mais révolte séparatiste et trahison. Des réformes ? Au début, la droite s'en tient au statu quo : on écrase les rebelles et tout continue comme avant. Puis, le 13 mai 1958, elle se convertit bruyamment à l'intégration qui, logiquement, aurait dû être sa position depuis toujours. Dans l'euphorie d'une émeute sans risques, l'Arabe est proclamé Français à part entière. C'est la négation de sa nationalité étouffée dans un baiser Lamourette.

Pour la gauche, au contraire, cette nationalité existe, ne serait-elle fondée que sur le soulèvement. La guerre qu'on fait à l'Algérie est donc bien une guerre étrangère et non une opération de police. C'est de plus une guerre attentatoire à la liberté d'un peuple, donc injuste et criminelle. Il faut traiter avec le F.L.N. Il faut reconnaître la République algérienne dont le combat s'identifie avec celui de la Résistance. Certains même pousseront cette logique jusqu'au bout : ils aideront le F.L.N., car « la liberté est une ».

Le choix s'imposait donc. Et chaque camp, naturellement, supputait celui de Camus. C'était mal le connaître : il ne pouvait être ni d'un parti ni de l'autre.

Sur quoi repose l'attitude de Camus pendant la guerre d'Algérie ? Sur les bases mêmes de son être et de son œuvre. Camus est algérien. Il croit à l'accord de l'homme et de la terre, c'est-à-dire à toute solution qui ne divorce pas l'homme de la nature. Il proclame la nécessité de la mesure, c'est-à-dire de solutions moyennes aux problèmes forcément moyens de l'humanité. Il exalte la différence pour parvenir à l'unité. J'ose prétendre qu'avant de le déclarer « traître » à tel ou tel engagement dicté de l'extérieur, on eût gagné à se demander s'il l'était ou non au premier de tous les engagements, celui qu'on prend envers soi-même. Il ne le fut pas.

La question, en effet, n'est pas de choisir entre sa mère et la justice. Pour la simple raison que mère et justice ne font qu'une. L'enracinement exige, pour que les fruits de la plénitude jaillissent, la justice sur le sol natal. L'Algérie avait-elle deux sortes d'enfants ? Politiquement, oui ; nationalement, non : Camus n'a aucune peine à démontrer qu'il est algérien au même titre que les Arabes. Il est vrai que les Français d'Algérie ont commis le crime de déraciner les Arabes sur leur propre terre. Faut-il les déraciner à leur tour ? Ou promouvoir enfin la réconciliation, étant entendu que celle-ci n'aura lieu qu'à certaines conditions nettement définies ?

Si la revendication arabe a suscité la guerre, c'est que malgré son bon droit elle demeure équivoque, c'est qu'elle est à la fois légitime et illégitime. Ce qu'il y a de légitime en elle : 1º *le colonialisme et ses abus, qui sont d'institution ;* 2º *le mensonge répété de l'assimilation toujours proposée, jamais réalisée ;* 3º *l'injustice évidente de la répartition agraire et de la distribution du revenu ;* 4º *la souffrance psychologique* causée par l'attitude méprisante du colonisateur. Tout cela appelle la révolte et la justifie. Mais la revendication arabe est aussi illégitime, car l'indépendance nationale est, en Algérie, *une formule purement passionnelle. Il n'y a jamais eu de nation algérienne.* Actuellement, les Arabes ne forment pas à eux seuls toute l'Algérie, *les Français d'Algérie sont, eux aussi, et au sens fort du terme, des indigènes.* Au surplus, qu'est-ce que l'indépendance politique sans l'indépendance économique ? Un leurre, précisément : la soumission à un vague Empire musulman nassérien. Ainsi, selon Camus, la revendication arabe conduit finalement à livrer un nouveau territoire au totalitarisme.

Cette analyse que nous avons tenu à mettre abruptement sous les yeux du lecteur justement parce que, à beaucoup, elle peut paraître rétrograde, se trouve dans le texte *Algérie 58*, tiré de *Chroniques algériennes (Actuelles III)* que Camus présenta comme un mémoire *avec le minimum de phrases et serrant au plus près la réalité algérienne*. Il comporte trois parties : 1° une énumération des causes de la guerre, énumération manifestement incomplète ; 2° des prédictions sur l'Algérie indépendante que nul, à l'heure présente, ne peut confirmer ni infirmer, encore qu'elles entrent déjà dans le domaine du plus que probable ; 3° enfin, la négation de la nation algérienne. Camus ultra, par conséquent ? Évidemment non puisque, dans un texte additif, il se hâte de préconiser un statut de l'Algérie qui, écartant l'intégration colonialiste, accorde aux Arabes leur autonomie et le pouvoir de régler eux-mêmes tous les problèmes qui les concernent. Où se trouve donc la différence ? En ceci : la revendication arabe s'exprime en terme de nationalisme, et Camus en terme de patrie. Il existe une patrie arabe qui a des droits et que l'on doit enfin satisfaire, mais si elle se transforme en nationalisme, elle évince l'autre patrie, celle des Français d'Algérie, qui cohabite avec elle et a, elle aussi, ses droits. La solution n'est donc pas de créer une nation nouvelle mais de fédérer les deux patries : non de retrancher, mais d'unir. Solution fédéraliste, solution « moyenne », en accord avec le sol algérien et les races qui s'y côtoient. Mais on aurait tort de croire, cette fois encore, que cette mesure est une médiocrité. Et encore moins, qu'elle est réactionnaire ou passéiste. En fait – et l'on s'en apercevra assez tôt –, c'est le nationalisme qui est au XXe siècle essentiellement réactionnaire et passéiste, quels que soient les alliés « progressistes » que l'occasion lui donne. La preuve en est que ces alliés ont hésité à le soutenir ; pour les communistes, par exemple (qui avaient sous les yeux la fédération des peuples musulmans d'U.R.S.S.), le nationalisme arabe fut longtemps considéré comme un phénomène bourgeois. Et il l'est, n'en doutons pas, malgré son aspect populaire, comme tous les nationalismes. L'avenir n'est pas aux formations de nations isolées contraintes, pour s'affirmer, de rejeter leurs éléments allogènes. Il appartient aux vastes groupements de régions autonomes, au rassemblement dans la liberté de toutes les patries, à l'État mondial fait de provinces indépendantes et non d'États nationalistes séparés.

Ce que défend Camus, c'est une vision progressiste de l'avenir. Et c'est aussi une admirable expérience qui, pour peu qu'on le veuille, peut se réaliser en Algérie, lieu de rencontre de deux continents et de deux races. Si on le veut, oui, le vieux crime colonialiste peut mener au premier pacte fraternel. Mais la guerre éclate en grande partie à cause de l'infantilisme politique des Français d'Algérie, et Camus sait trop bien qu'étant le mal elle ne peut déboucher que sur le mal. Dès le début des hostilités, il accomplit le seul geste qu'il fallait attendre de lui. Il pare au plus pressé. Il se porte *dans le no man's land entre les deux armées* et proclame que *la guerre est une duperie et que le sang, s'il fait parfois avancer l'Histoire, la fait avancer vers plus de barbarie et de misère encore.* S'adressant à Aziz Kessous, militant socialiste algérien : *Nous voilà donc dressés les uns contre les autres, voués à nous faire le plus de mal possible, inexpiablement. Et pourtant, vous et moi qui nous ressemblons tant, de même culture, partageant le même espoir, fraternels depuis si longtemps, unis dans l'amour que nous portons à notre terre, nous savons que nous ne sommes pas des ennemis et que nous pourrions vivre heureusement ensemble, sur cette terre qui est la nôtre.*

Nous ne sommes pas des ennemis, si : la guerre conditionne l'être. Le 22 janvier 1956, ne pouvant plus conjurer le conflit, Camus essaie d'en atténuer l'horreur. A Alger même, capitale du pays en guerre, il lance un *Appel pour la trêve civile* dans lequel il supplie les combattants d'éviter au moins l'irréparable : l'assassinat des innocents.

De quoi s'agit-il ? D'obtenir que le mouvement arabe et les autorités françaises, sans avoir à entrer en contact ni à s'engager à rien d'autre, déclarent simultanément que pendant toute la durée des troubles, la population civile sera, en toute occasion, respectée et protégée. Pourquoi cette initiative ? D'abord parce que *aucune cause ne justifie la mort de l'innocent*, mais aussi parce que la trêve civile est l'unique garantie d'une possibilité de paix autre que celle des cadavres et des décombres. *La raison démontre clairement que, sur ce point au moins, la solidarité française et arabe est inévitable, dans la mort comme dans la vie, dans la destruction comme dans l'espoir. La face affreuse de cette solidarité apparaît dans la dialectique infernale qui veut que ce qui tue les uns tue les autres aussi, chacun rejetant la faute sur l'autre et justifiant ses violences par la violence de l'adversaire. L'éternelle querelle du premier responsable perd alors son sens. Et pour n'avoir pas pu vivre ensemble, deux populations, à la fois semblables et différentes, mais également respectables, se condamnent à mourir ensemble, la rage au cœur.*

Une fois de plus – une dernière fois –, Camus célèbre donc la différence nécessaire *(Pour ma part, je ne crois qu'aux différences, non à l'uniformité. Et d'abord parce que les premières sont les racines sans lesquelles l'arbre de liberté, la sève de la création et de la civilisation se dessèchent)* devant un double peuple qui s'est enfin réuni, mais pour le pire, et qui n'a plus maintenant qu'une seule patrie, la guerre. *Je sais que les grandes tragédies de l'histoire fascinent souvent les hommes par leurs visages horribles. Ils restent alors immobiles devant elles sans pouvoir se décider à rien, qu'à attendre. Ils attendent, et la Gorgone, un jour, les dévore.* Obscure, ingrate est alors la tâche de se dresser entre les combattants pour en appeler à leur raison ; il faut pourtant l'aborder avec décision pour mériter un jour de vivre en hommes libres, *c'est-à-dire comme des hommes qui refusent à la fois d'exercer et de subir la terreur.*

Cet appel de Camus à Alger, il s'en fallut de peu qu'il ne fût même pas prononcé. Jusqu'au dernier moment, des pressions politiques et policières faillirent interdire la réunion où l'Algérois le plus célèbre du monde devait prendre la parole. Dehors, la foule européenne sifflait, hurlait : « Camus traître ! Camus au poteau ! » C'était donc décidé, la guerre se voulait inexpiable. Alors commencèrent d'effrayantes mutations. On vit l'homme devenir soldat, et de soldat, bourreau. Avec une frénésie voisine de l'érotisme, chacun fouilla la chair de son semblable pour en faire jaillir une souffrance inédite. On ouvrit des ventres et on les emplit de pierres, on mutila des sexes, on joua avec des têtes d'enfants comme avec des ballons, on déflora des jeunes filles avec des bouteilles. La victime excitait d'autant plus qu'elle était désarmée, promeneur paisible ou prisonnier sans défense. Parmi ces hommes des deux camps, nombreux étaient ceux qui avaient vécu jusque-là dans l'honneur : ils s'en défirent sans même s'en

Avec Emmanuel Roblès, sur les hauteurs d'Alger, printemps 1952.

apercevoir, comme on ôte machinalement un manteau. Certains avaient subi les tortures de la Gestapo, justement parce qu'ils ne toléraient pas qu'un peuple usât de la torture : ils la firent subir à leur tour. Réfléchirent-ils à tout cela ? On doute même qu'ils y aient pensé. Ils œuvraient dans la guerre, c'est-à-dire dans le vide moral absolu. Ils étaient comme des innocents qui entrent dans un long et noir tunnel, y commettent les pires crimes et en ressortent innocents. Et ils n'auraient ni remords, ni inquiétudes, ni souvenirs. Et personne ne saurait dire au juste s'ils auraient dû en avoir...

Qu'est-ce donc que l'homme, qui fait au hasard le bien et le mal ?

La Chute est le seul livre de Camus qui s'achève sur une résignation ricanante, misérable.

Plusieurs commentateurs ont rapproché *la Chute* de *l'Étranger*. Ici et là, en effet, un seul homme, une seule voix. Mais entre Meursault, prodigieux innocent déclaré coupable par les hommes et Clamence, *juge pénitent*, coupable traduisant des coupables à son tribunal, il y a autant d'opposition qu'entre midi et minuit, la haute tragédie d'un meurtre solaire et la basse comédie des vilenies quotidiennes, le ciel enflammé de la Méditerranée et les brumes néerlandaises. Une fois de plus, Camus nous entraîne dans un pays du nord et c'est pour provoquer – comme dans le récit du Voyage à Prague de *l'Envers et l'Endroit* ou certaines répliques du *Malentendu* – une impression de vide et d'étouffement. Mais ici la nostalgie du sud ne joue guère et l'un de ses rares rappels, outre quelques lignes inoubliables sur la Grèce, est le nom d'un bar : *Mexico-City*, ce bouge d'Amsterdam où, sous le regard inexpressif d'un patron-gorille, Clamence nous livre ce que nous croyons être, au début, une simple confession.

Jean-Baptiste Clamence n'a pas toujours été ce buveur solitaire, cet exilé douteux, cet avocat marron conseiller de souteneurs et de prostituées qui vient chaque soir traiter ses affaires au café, puis rentre chez lui, dans sa chambre du quartier juif – ou de ce qui fut le quartier juif – réconforté par la chaleur du genièvre, *sa seule lueur dans les ténèbres*. Quelques années plus tôt, il a exercé son métier à Paris, et brillamment. Il a été ce qu'on appelle « une grande figure du barreau ». Il avait tout pour lui : éloquence, prestance, réputation de bon aloi. C'est qu'il était de bon aloi, en vérité : sous la robe noire du défenseur des nobles causes battait un cœur juste et bon. Un tel homme se révèle aux petites choses : Clamence faisait le bien chaque jour, en secret. *Par exemple, j'adorais aider les aveugles à traverser les rues... J'ai toujours aimé renseigner les passants... leur donner du feu, prêter la main aux charrettes trop lourdes, pousser l'automobile en panne, acheter le journal à la salutiste ou les fleurs de la vieille marchande... J'aimais faire l'aumône... Un grand chrétien de mes amis reconnaissait que le premier sentiment qu'on éprouve à*

*voir un mendiant s'approcher de sa maison est désagréable. Eh
bien, moi, c'était pire : j'exultais.* Ainsi, reconnaissons-le
– puisque, aussi bien, Clamence le reconnaît lui-même :
cet homme a *la vocation des sommets.* Il ne croit pas en Dieu,
mais sa conduite est d'un saint laïque, honnêteté à l'égard de
ses clients, des femmes, fidélité à ses amis – les mourants,
surtout, dont il ne quitte pas la main... Au reste, rien d'un
ascète : *fait pour avoir un corps* et fort à l'aise dedans, *régnant
librement dans une lumière édénique.* Bref, une *vie réussie.*
Il n'y a qu'un malheur : un soir, sur un pont de Paris, alors
que, tout content de lui et des autres, Clamence allumait
la cigarette de la satisfaction, un rire éclate derrière lui. Il fait
volte-face. Personne.

Oh, ce rire n'a rien de mystérieux : quelque part, dans la
nuit, des gens qui s'amusent. Mais soudain, c'est comme si
un autre Clamence avait surgi de l'ombre : un Clamence
lucide qui désigne son double et ricane.

A partir de ce moment, Clamence va se voir du dehors.
Il va peu à peu découvrir le revers de sa *noble personnalité.*
Par les petites choses, également, d'abord. *Tenez... quand
je quittais un aveugle sur le trottoir où je l'avais aidé à atterrir,
je le saluais. Ce coup de chapeau ne lui était évidemment pas
destiné, il ne pouvait pas le voir. A qui donc s'adressait-il ? Au
public. Après le rôle, les saluts. Pas mal, hein ?* Ce n'est pas au
hasard que Clamence parle de « rôles ». Sa modestie, sa
bonté ont toujours été feintes, et le pire : à ses propres yeux.
Ses vertus ? L'éclat de rire accusateur lui démontre qu'elles
n'étaient que trompe-l'œil. *J'avais des principes, bien sûr,
et par exemple que la femme des amis était sacrée. Simplement,
je cessais, en toute sincérité, quelques jours auparavant, d'avoir
de l'amitié pour les maris.* Au fond, il n'a jamais été qu'un
comédien en représentation. Son enseigne : *Une face double,
un charmant Janus et au-dessus la devise de la maison : Ne
vous y fiez pas.* Est-il donc un monstre ? Ni plus ni moins
que la plupart des hommes. Simplement, son emploi d'homme
vertueux (« emploi » au sens du théâtre, naturellement)
reposait, il le comprend maintenant, sur une totale indifférence. *Comment vous dire ? Ça glissait. Oui, tout glissait sur*

moi – En somme, je ne me suis jamais soucié des grands problèmes
que dans l'intervalle de mes petits débordements – Au fond, rien
ne comptait. Guerre, suicide, amour, misère, j'y prêtais attention,
bien sûr, quand les circonstances m'y forçaient, mais d'une manière
courtoise et superficielle. Parfois je faisais mine de me passionner
pour une cause étrangère à ma vie quotidienne. Dans le fond
pourtant je n'y participais pas, sauf, bien sûr, quand ma liberté
était contrariée.

Quoi, un simple rire suffit à rendre lucide ? Assurément
non : il n'a été qu'un catalyseur. En fouillant sa mémoire,
Clamence s'y retrouve deux ou trois fois en mauvaise posture.
Tel jour il a eu une aventure fort peu reluisante avec une
femme, tel autre il s'est fait gifler en pleine rue et l'ennui n'est
pas qu'il ait perdu la face, mais qu'il se soit rendu compte
alors qu'il n'y avait plus de face à perdre. Tout cela, il a bien
pris garde de s'en vanter, fût-ce à lui-même et avec *cette*
fracassante discrétion dont j'avais le secret. Mais le pire l'attend
dans un repli de la mémoire. Une nuit, sur un autre pont
parisien, sous une petite pluie fine et douce de novembre,
Clamence a croisé une jeune femme vêtue de noir penchée
sur le parapet. Il la regarde : un instant, sa nuque *fraîche et*
mouillée l'émeut. Mais il vient de quitter une maîtresse, ses
sens sont calmés, il passe outre. Alors, le drame : *J'avais*
parcouru une cinquantaine de mètres à peine lorsque j'entendis
le bruit qui, malgré la distance, me parut formidable dans le
silence nocturne, d'un corps qui s'abat dans l'eau. Je m'arrêtai
net, mais sans me retourner. Presque aussitôt, j'entendis un cri,
plusieurs fois répété, qui descendait lui aussi le fleuve, puis
s'éteignit brusquement... Je voulus courir et je ne bougeai pas...
Je me disais qu'il fallait faire vite et je sentais une faiblesse
irrésistible envahir mon corps... J'écoutais, toujours immobile.
Puis, à petits pas, sous la pluie, je m'éloignai. Je ne prévins
personne.

Voyez-vous, on m'a parlé d'un homme dont l'ami avait été
emprisonné et qui couchait tous les soirs sur le sol de sa chambre
pour ne pas jouir d'un confort qu'on avait retiré à celui qu'il
aimait. Qui, cher monsieur, se couchera sur le sol pour nous ?
Cette question porte un nom, des religions lui ont répondu,

et il est vraisemblable qu'en d'autres temps, découvert à lui-même par le cri d'une femme qu'il avait laissé mourir, Clamence fût entré, plus ou moins douloureusement, dans la communion des saints. Mais nous ne vivons plus aux temps de la grâce ni des saints, nous vivons au temps des coupables : nous appartenons déjà à ce peuple qui chemine sous le regard amer des Inquisiteurs vers l'*impossible innocence*. Que faire, au lendemain d'un crime ? Honnêtement, Clamence s'interroge. Coupable, il l'est, certes, et se voit bien tel. Mais se voir ne suffit pas, il faut aussi que les autres vous voient, donc vous jugent. Or, *qui oserait me condamner dans un monde sans juge où personne n'est innocent ?* Coupable ni plus ni moins que tous les autres hommes, absous d'avance par eux et par lui-même, Clamence se réveille sans secours ni recours dans un monde privé de transcendance. Il se refuse d'abord à le croire. Persuadé qu'on va le connaître enfin, le démasquer et rire de lui, il essaie de prévenir ces rires par une attitude délibérément dérisoire, c'est-à-dire accordée au mal. Débauche, alcool, scandales, rédaction de libelles : *Ode à la police, Apothéose du couperet*, contre-blasphèmes selon l'esprit du jour (s'écrier par exemple : Mon Dieu ! dans une assemblée d'humanistes athées), rien n'y fait — outre qu'il ne s'y livre que modérément, le monde est si tiède —, rien ne peut détruire l'image que les autres se sont donnée de lui, et pour cause : elle est le signe de leur complicité. Alors, comprenant qu'*il ne suffit pas de s'accuser pour s'innocenter*, Clamence abandonne son cabinet d'affaires, quitte la France et vient, dans un bouge d'Amsterdam, assumer son dernier rôle : celui de juge-pénitent. Car *si nous ne pouvons affirmer l'innocence de personne, nous pouvons à coup sûr affirmer la culpabilité de tous*.

« Mon semblable » : jamais l'expression n'a été plus rigoureusement mise en pratique. Au *Mexico-City*, Clamence, trônant à une table comme le *pape* d'un vaste camp de concentration, s'instaure le semblable de tous. Chaque soir, sous un vague prétexte, il lie conversation avec un buveur solitaire entré là par hasard ; il l'entraîne dans une discussion, puis lui fait le récit de sa vie. Ce n'est pas, répétons-le, une confession, mais un réquisitoire. Clamence, s'étant reconnu, force l'autre à se reconnaître à son tour. Sa méthode est habile et efficace : *Je m'accuse en long et en large... Mais attention, je ne m'accuse pas grossièrement, à grands coups sur la poitrine. Non, je navigue souplement. Je multiplie les nuances, les digressions aussi, j'adapte enfin mon discours à l'auditeur, je l'amène à renchérir. Je mêle ce qui me concerne et ce qui regarde les autres. Je prends les traits communs, les expériences que nous avons ensemble souffertes, les faiblesses que nous partageons, le bon ton, l'homme du jour, enfin, tel qu'il sévit en moi et chez les autres. Avec cela, je fabrique un portrait qui est celui de tous et de personne... Quand le portrait est enfin terminé... je le montre, plein de désolation : « Voilà, hélas ! ce que je suis. » Le réquisitoire est achevé. Mais du même coup, le portrait que je tends à mes contemporains devient un miroir.*

Quelles réactions devant ce miroir ? Fort de son expérience devenue sa vérité, Clamence les arrête d'un geste. *Pas d'excuses jamais, pour personne, voilà mon principe au départ.* Donc, pas d'indulgence, mais nulle condamnation non plus. *Chez moi on ne bénit pas, on ne distribue pas d'absolution. On fait l'addition, simplement.* Au confessionnal de Clamence, on ne sort ni condamné, ni lavé, mais *défini*, étiqueté dans la catégorie à laquelle on appartient. *Ça fait tant. Vous êtes un pervers, un satyre, un mythomane, un pédéraste, un artiste, etc.* Dès lors, tout est normal. Et il n'y a plus qu'à s'inscrire consciemment et consciencieusement dans le monde en formation, le monde de la grande Prophétie : *Vous voyez en moi, très cher, un partisan éclairé de la servitude. – En philosophie comme en politique, je suis pour toute théorie qui refuse l'innocence à l'homme et pour toute pratique qui le traite en coupable. – Quand nous serons tous coupables, ce sera la démocratie.*

C'est bien la démocratie, en effet, *Prophète vide pour un temps médiocre*, ainsi se définit à son tour J.-B. Clamence, Jean-Baptiste le Précurseur, *vox clamans in deserto*.

« Tout mur est une porte », disait Emerson [1]. Si désespéré que soit le juge-pénitent, une lumière en lui persiste : le

---

1. Cité par Camus dans *l'Artiste et son Temps*.

souvenir d'un voyage en Grèce, la vision d'une pureté, d'une fraternité ineffables : *Depuis ce temps, la Grèce dérive quelque part en moi, au bord de ma mémoire.* Beauté du passé, beauté du présent même, la Hollande (ah, ne résistons pas à citer tout le morceau : *La Hollande est un songe, monsieur, un songe d'or et de fumée, plus fumeux le jour, plus doré la nuit, et nuit et jour ce songe est peuplé de Lohengrin comme ceux-ci, filant rêveusement sur leurs noires bicyclettes à hauts guidons, cygnes funèbres qui tournent sans trêve dans tout le pays, autour des mers, le long des canaux... – ... la mer, la mer qui mène à Cipango, et à ces îles où les hommes meurent fous et heureux*). Et puis, il y a les colombes, voletant dans le ciel néerlandais ou tombant comme flocons de neige sur les flots, ces colombes, dont Nietzsche disait que les grandes idées viennent sur leurs pattes... Mais, prophète des temps de servitude, Clamence veut ignorer le salut par la beauté. La beauté (le sens et la création du beau, preuve de la grandeur de l'homme), il l'a enfermée dans un placard : c'est ce panneau de Van Eyck, les *Juges intègres*, volé, remplacé par une copie que les foules du siècle ne distinguent pas de l'original, un instant confié au gorille-barman qui l'a tripoté comme un sale objet, puis muré dans une chambre d'hôtel où son unique utilité sera peut-être un jour de provoquer l'arrestation de Clamence, *chance d'être envoyé en prison, idée alléchante d'une certaine manière.* Bonne fin, et logique, n'est-ce pas ? *Ah, mon ami, savez-vous ce qu'est la créature solitaire, errant dans les grandes villes ?* Non, non, pas de salut, pas d'espoir.

Ne sommes-nous pas tous semblables, parlant sans trêve et à personne, confrontés toujours aux mêmes questions bien que nous connaissions d'avance les réponses ? Alors, racontez-moi, je vous prie, ce qui vous est arrivé un soir sur les quais de la Seine et comment vous avez réussi à ne jamais risquer votre vie. Prononcez vous-même les mots qui, depuis tant d'années, n'ont cessé de retentir dans ma nuit et que je dirai enfin par votre bouche : « O jeune fille, jette-toi encore dans l'eau pour que j'aie une seconde fois la chance de nous sauver tous les deux ! » Une seconde fois, hein, quelle imprudence ! Supposez, cher maître, qu'on vous prenne au mot ? Il faudrait s'exécuter. Brr...! L'eau

est si froide ! Mais rassurons-nous ! Il est trop tard, maintenant,
il sera toujours trop tard. Heureusement !

On hésite à l'écrire, et pourtant... Bien que dans une confidence à un ami Camus ait nommé le modèle de Clamence, il est sûr qu'il s'est reflété lui-même dans son personnage, tantôt comme une image au négatif, tantôt comme une protestation contre le portrait idéal que certains se faisaient de lui : ce maître à penser, ce professeur de vertu dont il était le premier à rire. *La Chute* est une suite romanesque de *l'Homme révolté*. Elle nous entraîne dans l'univers des coupables où, de degré en degré, l'Histoire nous a fait descendre. Mais après tout, cette chute n'est possible que parce que l'homme, hors de l'Histoire, s'y est précipité lui-même. Il lui suffisait, il lui suffit encore de se jeter à l'eau et de sauver la jeune fille. S'il s'y refuse, c'est que sa nature s'y oppose, c'est qu'il est capable d'imaginer le salut, mais incapable de « faire le saut » pour l'atteindre ; c'est qu'une tare originelle le condamne en effet au rôle de comédien réduit à mimer le bien. Or, cela n'est pas seulement le destin de Clamence, mais de nous tous, et de Camus. Certes, à un moment, Camus abandonne son personnage au développement logique de son drame. Mais dans les données de ce personnage, il ne peut pas ne pas figurer et se reconnaître. Il faut voir dans *la Chute* – dont le ton d'humour ne trompe pas – une méditation de Camus devant l'absolu. Il faut y voir la condition de l'exil : exil parmi les autres hommes, puisque la grâce manque pour *être eux*, se coucher sur le sol pour eux, vivre et mourir avec eux et en eux ; exil également en l'homme seul puisque sa part idéale se tient sur un rivage d'où il ne peut que la contempler, le cœur broyé de nostalgie et d'impuissance.

N'y a-t-il donc que l'exil ? Et le royaume, quelque part, n'existe-t-il point ?

En donnant ces deux mots pour titre à un recueil de nouvelles, Camus nous indique leur thème : la quête, ou la découverte émerveillée, d'une raison d'être et, par contraste, l'horreur de l'enfouissement dans un univers dégradé. Il est utile de savoir que *la Chute* devait être publiée en tête de volume. Ce livre comporte un récit qui, par bien des aspects, rejoint l'aventure de Clamence. C'est *le Renégat*, histoire d'un jeune missionnaire chrétien avide de martyre, parti pour évangéliser un village du désert. Les indigènes le capturent, lui coupent la langue et le contraignent à servir leur dieu cruel. Soumis par force à cette idole, le prêtre du Christ finit par l'adorer de plein gré. Il reconnaît la puissance du mal, il chérit son esclavage : quand un prêtre de la religion d'amour paraît enfin pour le délivrer, il le tue. Cette fois encore, une fable amère illustre les chapitres de *l'Homme révolté* consacrés à l'acquiescement à la servitude. Mais elle fustige également l'Église chrétienne qui a pactisé avec César, s'est établie dans l'ordre de la violence et a finalement « crucifié Jésus la tête en bas [1] ».

Les autres nouvelles de *l'Exil et le Royaume* sont d'une invention moins épouvantable. Dans *la Femme adultère*, l'épouse insatisfaite d'un médiocre voyageur de commerce algérois découvre, une nuit, d'une terrasse au-dessus du désert, toute la tendre beauté du monde ; image déchirante, aussitôt reprise que donnée. Dans *les Muets*, une équipe d'ouvriers tonneliers, au lendemain d'une grève manquée, répond par le silence aux avances du patron qui a refusé d'augmenter les salaires ; soudain, la fillette du patron tombe frappée d'une maladie peut-être mortelle et, du coup, le digne silence des travailleurs devient une cruauté. Dans *La pierre qui pousse*, un ingénieur français chargé de construire un pont au Brésil assiste à une cérémonie au cours de laquelle un indigène doit, en conséquence d'un vœu, porter jusqu'à l'église un énorme rocher sur ses épaules. Il a trop présumé de ses forces et s'écroule. L'ingénieur porte la pierre à sa place ; mais au lieu d'en faire hommage à l'église, il la consacre à la case de son ami. Ce monde, ce monde seul...

Arrêtons-nous un instant pour reconnaître dans ces nouvelles une constante essentielle de Camus, l'amour de la nature opposé à la soumission aux religions et aux morales, le salut par la beauté et la terre-mère. Janine, la « femme adultère », ne trompe pas son mari avec un autre homme – ce

---

1. Nietzsche.

soldat, par exemple, qui la regardait dans l'autocar – mais avec les *espaces de la nuit* auxquels elle ouvre ses yeux et son corps. *Alors, avec une douceur insupportable, l'eau de la nuit commença d'emplir Janine, submergea le froid, monta peu à peu du centre obscur de son être et déborda en flots ininterrompus jusqu'à sa bouche pleine de gémissements. L'instant d'après, le ciel entier s'étendait au-dessus d'elle, renversée sur la terre froide.* D'Arrast, l'ingénieur de *La pierre qui pousse*, est fasciné par la forêt brésilienne et l'ouvrier Yvars (des *Muets*) n'ose plus regarder la mer sinon aux heures douces du soir, car elle lui rappelle sa jeunesse enfuie et sa liberté trahie pour des devoirs. Mais ces récits ont un autre point commun, la situation fausse, signe de l'exil : Janine obligée de se cacher de son mari, D'Arrast étranger parmi des indigènes, les ouvriers de la tonnellerie condamnés par le silence qu'ils se sont imposé à ne plus être compris et à ne plus comprendre. Et cette situation fausse, les deux autres nouvelles du recueil la mettront, elles, au premier plan.

L'Hôte a pour décor l'Algérie et une école de village bâtie au flanc d'une colline. C'est l'hiver, il y a eu des chutes de neige et les enfants ne sont pas venus : Daru, l'instituteur, est seul. Pas pour longtemps : un gendarme se présente, tenant au bout d'une corde un Arabe aux mains liées. L'Arabe a commis un crime – quelque obscure histoire de famille. Le gendarme ne peut le conduire à la prison de la ville, car le village resterait alors sans surveillance, et il charge Daru de cette mission. Daru commence par refuser, mais le gendarme s'étonne : quoi, entre amis, se refuser un service ? D'ailleurs, c'est un ordre. Resté seul avec l'Arabe, Daru le délie, lui donne à manger. Si l'homme s'évadait cette nuit, tout s'arrangerait... Mais l'Arabe – prisonnier, lui aussi, de quelle situation fausse ? – ne s'évade pas, et voici Daru contraint d'agir. Il sort donc avec son « hôte », il l'emmène aux limites du plateau et l'y abandonne. « Choisis. A l'est, la ville, la police. Au sud, les nomades, la liberté. » L'Arabe choisit l'est, et Daru retourne à son école. Il a perdu l'amitié du gendarme, et sur le tableau noir de la classe une inscription l'attend : *Tu as livré notre frère, tu paieras. Daru regardait le ciel, le plateau et, au-delà, les terres invisibles qui s'étendaient jusqu'à la mer. Dans ce vaste pays qu'il avait tant aimé, il était seul.*

Si le drame de Daru reflète celui de Camus dans la guerre d'Algérie, *Jonas ou l'artiste au travail* rappelle une de ses confidences à M. J.-C. Brisville qui, en 1959, l'interrogea sur sa « réussite précoce » : *Il est vrai que j'ai connu les servitudes de la réputation avant d'avoir écrit tous mes livres. Le résultat le plus clair est que j'ai dû et dois encore disputer à la société le temps de mon œuvre. J'y arrive, mais cela me coûte beaucoup.* Et (Lettre à P. B.) : *Mon œuvre ne m'a pas libéré, elle m'a asservi.*

Jonas est un peintre heureux. Une chance singulière lui a valu une prompte réussite, des contrats, de l'argent, la gloire, en même temps qu'une sage épouse et trois charmants enfants. Tant de succès ne vont pas sans amitiés. Jonas se voit un jour cerné d'innombrables amis pendus à sa sonnette, à son téléphone. Visites, déjeuners, conversations à domicile (« Continuez à travailler! Faites comme si nous n'étions pas là! »), enfin appels à l'aide, ponctions sur la bourse et pétitions politiques. Et le pire : des disciples. Car maintenant, il fait école : *Les disciples de Jonas lui expliquaient longuement ce qu'il avait peint, et pourquoi.* Bref, la cohue. *Ainsi coulait le temps de Jonas qui peignait au milieu d'amis et d'élèves installés sur des chaises maintenant disposées en rangs concentriques autour du chevalet. Souvent, aussi bien, des voisins apparaissaient aux fenêtres d'en face et s'ajoutaient à son public.* Le résultat se devine : disciples, admirateurs, amis, ennemis conduisent tout droit le doux Jonas à la folie. Il veut fuir et se heurte aux murs ; il installe son chevalet dans le couloir, la salle de douches, la cuisine... en vain. Alors – on se donne le royaume qu'on peut – il se construit une sorte de soupente, en planches, au-dessus du couloir. Et là-haut, enfin seul, il peint, il peint... Peint-il ? Au matin, il faut le coucher, appeler le médecin : « Ce n'est rien, du surmenage. » Mais dans la soupente, il n'y a qu'une toile blanche, ... *une toile entièrement blanche au centre de laquelle Jonas avait seulement écrit, en très petits caractères, un mot qu'on pouvait déchiffrer mais dont on ne savait s'il fallait y lire* SOLITAIRE *ou* SOLIDAIRE.

SOLITAIRE, SOLIDAIRE. A une époque qui plus qu'aucune autre a sollicité les intellectuels, Camus ne s'est pas dérobé. *Alger républicain*, Résistance, *Combat*, mais aussi : en 1949 et 1950, Camus est un de ceux qui attirent l'attention publique sur le sort des communistes grecs condamnés à mort, et il signe un double appel en leur faveur ; en novembre 1952, il démissionne de l'UNESCO qui vient d'admettre l'Espagne franquiste ; le 17 juin 1953, dans un meeting à la Mutualité, il prend position pour les grévistes allemands tués dans l'émeute de Berlin-Est ; en novembre 1956, après l'insurrection hongroise, il invite les écrivains européens à recourir à l'ONU (et il ne se borne pas à cela : il aide matériellement – mais on ne l'apprendra qu'après sa mort – les familles des écrivains hongrois exécutés ou emprisonnés) ; faut-il rappeler enfin son attitude lors de l'affaire Pasternak ? Il est vrai qu'à partir des *Chroniques algériennes*, Camus s'est tu sur l'Algérie. Mais ses amis savent bien que ce silence n'est pas un éloignement, pas même une inaction. Un an avant sa mort, il luttera encore sans tapage pour une solution équitable, et tandis que tant d'intellectuels obscurs ou célèbres se livreront à des déclarations fracassantes, on verra ce Prix Nobel accepter de discrets rendez-vous dans des cafés et y discuter avec des Arabes sur un texte apaisant préparé par lui.

Toutes ces tentatives échoueront : la guerre a définitivement sombré dans l'horreur et l'infantilisme. La parole est altérée, le langage ne connaît plus que des mots-sorciers avec lesquels, d'un camp à l'autre, on s'excommunie. A la persuasion ont succédé l'intimidation, puis le mensonge. Au lendemain de sa réception suédoise, Camus se voit obligé d'envoyer des rectifications à des journalistes qui ont été autrefois ses amis : n'ont-ils pas avancé qu'il avait publiquement nié les tortures ? En 1957, il publie, avec Kœstler, un réquisitoire passionné et précis contre la peine de mort. C'est aller droit au principe du mal, mais cela ne lui vaut que les sarcasmes de ceux qui ne voient que les effets sans jamais remonter aux causes.

Il va sans dire que ces attaques ne sont pas unanimes, que Camus se fait chaque jour des lecteurs et des amis, et qu'au surplus il ne serait pas un véritable créateur s'il ne trouvait réponse dans la solitude. J. C. Brisville : « Devant les attaques personnelles dont vous avez été l'objet... quelle a été votre première réaction ? » – *Oh, de la peine, d'abord... Et puis, rapidement, j'ai retrouvé le sentiment dans lequel je m'appuie dans toutes les circonstances contraires : que cela était dans l'ordre... Non, tout ce qui m'arrive est bien, dans un sens. Du reste, les événements bruyants sont des événements secondaires.* Ainsi M. Kléber Haedens peut bien écrire dans *Paris-Presse* que, « l'œuvre de Camus, c'est d'abord un conciliabule de produits congelés », et M. Jacques Laurent décréter dans *Arts* que, « en donnant son prix à Camus, le Nobel couronne une œuvre terminée » (et hélas, elle l'est en effet, mais non comme il l'entend), Camus sentant bouillonner en lui *une surabondance de forces vivifiantes et réparatrices,* conscient de ce qu'il nomme avec humour *une assez consternante vitalité,* ne saurait se laisser fléchir par les contingences du temps de peste qui continue. Cependant, il n'est lutteur qui ne désire par instants reprendre souffle. *On peut souhaiter sans doute, et je le souhaite aussi, une flamme plus douce, un répit...* Ce répit *au milieu même de la bataille,* où le trouvera-t-il ? Où le retrouvera-t-il ?

Ainsi moi qui ne possède rien, qui ai donné ma fortune, qui campe auprès de toutes mes maisons, je suis pourtant comblé quand je le veux, j'appareille à toute heure... Mais pour où ? Le monde est devenu ce *malconfort* dont l'ingéniosité épouvantait et ravissait Clamence : il y faut *prendre le genre empêché, vivre en diagonale. Il n'y a plus de déserts. Il n'y a plus d'îles.* Il n'y a plus que des villes de plus en plus étroites et sombres où l'homme vit sous le regard impitoyable de l'homme. On y agit dans le malentendu, entouré de haines, et la situation fausse paralyse nos moindres démarches.

Et pourtant si, le royaume existe. Et Camus, avec délices, avec bonheur, va pour un temps s'y enfermer.

Les matches du dimanche, dans un stade plein à craquer, et le théâtre que j'ai aimé avec une passion sans égale sont les seuls endroits du monde où je me sente innocent, disait déjà Clamence.

Qu'est-ce que le théâtre ? Un royaume de nulle part avec ses lois, ses traditions, son ordonnance d'autant plus strictes qu'elles fonctionnent en vase clos et ne se répondent qu'à elles-mêmes, en écho : au seuil de l'entrée des artistes, le monde s'arrête. On peut haïr cet univers privilégié ou l'ignorer ; on peut même rire de ses travers et de ses excès, et ceux qui l'aiment ne s'en privent guère. Mais ne nous y trompons pas : si les églises et les dictatures ont de tout temps censuré le théâtre, c'est que son innocence les défiait ; et c'est aussi parce que la vérité n'éclate jamais mieux que sous la défroque et le masque. Car le théâtre est illusion, c'est-à-dire le contraire du mensonge.

Mais le théâtre, royaume d'innocence, est aussi un royaume de justice. Avec subtilité, Georges Lerminier le rappelle et décèle la raison majeure, pour Camus, d'y revenir. Monde clos où tout est possible, où le cœur et la raison fondent la justice sur une représentation exemplaire, où tout se construit finalement selon les vœux de l'auteur, où toutes choses ont un sens. S'y ajoute l'humble justice d'un métier immédiatement sanctionné par le public. On comprend que partout, et jusque dans le plus petit village, tant d'hommes compensent par le théâtre la frustration de leur vie : il y a, en France, trente mille compagnies d'amateurs.

Dans la biographie de Camus, la troupe algéroise de *l'Équipe* tenait jusqu'en 1953 une place anecdotique. Camus s'était dans sa jeunesse « amusé » à faire du théâtre, bien ; il avait mis des pièces en scène et les avait jouées, parfait. Cela nous valait au moins la photo inattendue d'un écrivain célèbre dans le rôle d'ailleurs secondaire d'Olivier le Daim (pièce : *Gringoire*, auteur : Théodore de Banville, troupe de Radio-Alger 1935). En conclusion, chacun convenait que d'avoir tâté au métier dramatique n'avait pu que servir l'auteur de *Caligula*, rien de plus. Mieux informés, l'acteur Négroni et la poétesse Blanche Balain, ex-membres de *l'Équipe*, nous disaient le talent de Camus comédien et metteur en scène. En 1944,

Sartre avait songé à lui confier le rôle de Garcin dans *Huis Clos* : finalement, on l'avait donné à Michel Vitold.

En 1953, Camus revient brusquement au théâtre en tant qu'artisan scénique. L'événement a lieu à l'occasion du festival d'Angers. Depuis trois ou quatre ans – précisément depuis le triomphe de Vilar à Avignon –, la mode est à ces festivals où les prestiges du théâtre se conjuguent aux joies du plein air. La ville d'Angers n'a pas voulu demeurer en reste : elle a offert la cour de son château à Jean Marchat et Marcel Herrand. Ceux-ci annoncent deux spectacles : *la Dévotion à la croix*, de Calderon, et *les Esprits*, de Larivey, tous deux adaptés par Camus et – surprise! – mis en scène par lui. C'est une révélation : Camus, d'emblée, rejoint les meilleurs professionnels. La critique unanime salue la performance et détaille en longs comptes rendus la splendide ordonnance de *la Dévotion* sur les remparts du château, la beauté de Maria Casarès admirablement « dirigée » et l'homogénéité de la représentation.

Faisons strictement le point. Camus n'apporte pas un style nouveau à la mise en scène (comme le fait à la même époque Vilar). Il commet quelques erreurs : emploi excessif de figurants non professionnels, abus de décor naturel – sur des murs d'époque, tout acteur a l'air forcément déguisé – tempo hésitant du spectacle. Toutefois ces erreurs comptent peu auprès de la rigueur de l'ensemble. Camus sait discipliner une troupe et lui imposer sa volonté. Il tient à chaque comédien le langage propre à le faire entrer dans le rôle. Il a le sens des mouvements, des plans, des lumières, il ne recule pas devant des audaces qui feraient frémir de plus chevronnés. En bref, il se révèle incontestablement homme de métier, aussi à l'aise sur un plateau de théâtre qu'il l'était dans un atelier d'imprimerie. Même familiarité, même accord du « patron » et des exécutants. Ceux qui connaissent le théâtre savent que cet accord ne s'obtient pas facilement. Les comédiens sont de grands enfants qu'il faut tour à tour exalter et contraindre. Surtout, il faut les aimer : ils vivent sur les nerfs, la tension cardiaque, ils jouent un peu leur vie chaque soir. Camus savait se faire entendre d'eux, et sa gloire n'y était pour rien : aucune réputation du dehors ne résiste à la familiarité des planches.

Je penche à croire que si Camus ne revint pas plus tôt à l'artisanat théâtral, ce fut aussi à cause de sa santé. Sa maladie de poitrine passe à l'arrière-plan depuis que l'on sait qu'il n'en est pas mort. Cependant, malgré une vitalité prouvée par une succession d'œuvres, il est probable qu'elle l'éloigna un temps d'une profession qui exige une robustesse exceptionnelle. A partir de 1953, en tout cas, Camus retrouve avec délices le royaume d'innocence. Parce qu'il s'estime fort justement capable de mettre en scène ses pièces et celles des autres ; parce qu'il lui plaît de faire œuvre de ses mains (le théâtre est un des derniers métiers vraiment manuels, un bricolage supérieur) ; parce qu'il aime non *régner sur le vide* mais œuvrer en communauté ; et enfin, et surtout, parce que le théâtre est pour lui le bonheur, cette *activité originale*.

En octobre 1956, le rideau du théâtre des Mathurins s'ouvrit sur *Requiem pour une nonne*, de William Faulkner, adapté et mis en scène par Camus. Il sied de remarquer ceci : encore une pièce d'inspiration chrétienne, comme *la Dévotion à la croix*. On connaît le sujet du roman dialogué de Faulkner, sur lequel le travail de Camus consista principalement à effectuer des coupures et dramatiser les répliques. Thème dostoïevskyen du rachat : pour sauver sa maîtresse du vice et de la perdition, la négresse Nancy Mannigoe commet le meurtre d'un enfant et se laisse pendre. *Requiem* faisant suite à *Sanctuaire*, l'écueil était d'enliser en récits statiques les longues tirades de l'héroïne, Temple Drake. Cet écueil, Camus l'évita en systématisant, justement, le statisme de la pièce. Il avait conçu un décor très simple, à transformations, étayé par un jeu de rideaux noirs ; il exigea des interprètes le maximum de tension intérieure, le minimum de mouvements. Le mélodrame guettait le spectacle : il en fit une tragédie, non pas figée et didactique telle que Piscator, par exemple, devait la réaliser en Allemagne, mais âpre et vivante. « A deux ou trois exceptions près, je crois avoir assisté à tous les spectacles d'Albert Camus, écrit Vilar. Son travail sur le *Requiem* m'émerveilla. Pour de multiples raisons, certes. Mais celle qui

Avec les interprètes de Requiem : *Catherine Sellers, Marc Cassot.*

m'obsède et reste encore toute fraîche dans ma mémoire, ce
fut la très subtile conduite des acteurs. Ce soir-là, l'œuvre
avait dépassé la centième représentation : rien, cependant,
n'était pesant, las ou abandonné... »

Requiem pour une nonne remporta un immense succès.
Il fut joué deux ans de suite, ce qui valut à l'affiche la men-
tion « Prix Nobel » accolée aux noms des deux auteurs,

Faulkner, Camus. Un soir, l'acteur chargé du rôle du Gouverneur étant tombé malade, Camus le remplaça pour sauver la recette. Il exigea qu'aucune publicité ne fût faite à ce remplacement. Dommage : Camus était un excellent comédien, sobre de gestes et d'attitudes, parlant juste, d'une voix grave et bien posée, teintée d'accent méditerranéen.

En 1957, Camus participe de nouveau au festival d'Angers. Il y met en scène *Caligula* et une tragi-comédie de Lope de Vega, *le Chevalier d'Olmedo*, qu'il a, bien entendu, adaptée. *Caligula*, cette histoire de conspiration feutrée sous les Césars, prétendre l'acclimater à Angers, en plein air et sur les remparts d'un château Renaissance, voilà une bien étrange entreprise, avouons-le. Nous ne pûmes accueillir le spectacle qu'avec réticence : la tragédie de l'intelligence se dispersait à tous les vents. En revanche, *le Chevalier d'Olmedo* transporta le public. La pièce conte une très simple, très brève et très belle aventure : une jeune homme, noble et beau, vient assister à une fête, y rencontre une jeune fille, s'éprend d'elle, en est aimé ; au retour, un jaloux l'attend en chemin et l'assassine. Cette « journée » fulgurante, Camus l'inscrivit dans le temps d'une nuit musicale et d'une présentation parfaite. Quant à *Caligula*, il le reprit plus à loisir, l'hiver suivant, sur l'étroit plateau du Petit Théâtre de Paris. Mais déjà, il songeait à réaliser son grand œuvre scénique, *les Possédés*.

Ce projet, on s'en souvient, le hantait depuis *l'Équipe*. Pourquoi adapter au théâtre le roman de Dostoïevsky ? Ne se suffit-il pas à lui-même ? Cette critique de principe, il fallait la faire, et nous la fîmes ; mais nos préventions tombèrent en grande partie devant la représentation du théâtre Antoine et sa constante honnêteté.

Bien entendu, il n'était pas question de porter intégralement *les Possédés* à la scène. Bien que la représentation durât près de quatre heures, avec deux courts entractes que Camus réduisit bientôt à un seul, des chapitres entiers du roman devaient être sacrifiés. Ce fut le cas, entre autres, de tous les chapitres concernant le Gouverneur, y compris le bal scandaleux ; le personnage de Lisa Drozdov fut allégé ; le long récit de la vie de Stepan Trofimovitch Verkhovensky chez Elizabeth

Prokofievna résumé en quelques phrases dites par un narrateur. Enfin, il était un passage au moins – la mort de Chatov – que l'on pouvait prévoir irréductible au temps scénique et qui, en vérité, le fut. Mais pour tout le reste, Camus donna une leçon de fidélité à tous les adaptateurs. S'effaçant devant Dostoïevsky, il fit de son livre un concentré harmonieux et spectaculaire. Quant à la présentation, elle était découpée en tableaux reliés par les commentaires du narrateur et de nostalgiques airs russes. Une énorme entreprise scénique menée à bien.

Le succès parisien des *Possédés* incita une compagnie de tournées, la Compagnie Herbert, à les promener la saison suivante à travers la province et les pays de langue française. Le cœur se serre à relater ce qui va suivre.

Vilar avait raison de voir en Camus un « régisseur » scrupuleux du moindre détail. Depuis quelques mois, Camus travaillait à un roman, *le Premier Homme*. Apprenant que son spectacle partait en tournée, il décida d'en remanier la mise en scène. La distribution avait été partiellement changée : si Pierre Blanchar jouait toujours Stepan Trofimovitch, Marguerite Cavadaski remplaçait Tania Balachova, Huguette Forge, Catherine Sellers – la triomphatrice du *Requiem* – et J.-P. Jorris, Michel Bouquet. Le « narrateur » lui-même devait être confié à un nouveau comédien et, un moment, Camus envisagea fort sérieusement de tenir le rôle. Mais son roman à écrire [1]... Il renonça et engagea André Reybaz.

La composition du *Premier Homme* n'était pas seulement ce qui le retenait de suivre son spectacle. Depuis quelques mois, André Malraux, nouveau ministre de la Culture, songeait à lui donner un théâtre à Paris. Camus directeur ? Il eût, certes, fait de la salle qu'on lui eût confiée un haut lieu de l'art dramatique. Mais y tenait-il vraiment ? En ce mois de septembre 1959, lorsque j'allai le voir diriger sur une scène de banlieue la répétition des *Possédés*, il me déclara qu'à un théâtre clos dans la capitale il préférait de beaucoup le travail

---

1. Camus au comte Antonini : *1960 sera l'année de mon roman. J'ai tracé le plan et je me suis mis sérieusement au travail. Ce sera long, mais j'y parviendrai.*

Pour le Chevalier d'Olmedo, *Camus « donne le ton »* à deux
de ses interprètes, Bernard Woringer et Michel Herbault.

en plein air. Pourquoi ? *Parce que l'important est de former des
auteurs et que rien ne vaut, pour cela, la dramaturgie de Festival.* Il comptait reprendre Angers l'année suivante, y ajouter
Oran, amener le théâtre, malgré la guerre, sous les murs de
Mers el-Kébir... Là-dessus, il retourna à la répétition et je
le vis une fois de plus dans l'exercice d'un métier qu'il aimait,
conduisant sa troupe comme un orchestre, ardent, inlassable,
minutieux, plein de fermeté et d'humour.

La première de la tournée des *Possédés* eut lieu à Reims.
Camus y assista, quitta la troupe pour trois semaines et la
rejoignit à Lausanne. Michel Gallimard l'accompagnait dans
ce voyage. A Lausanne, Camus rajusta ce qui dans la repré-

sentation s'était relâché et repartit. Il allait à Lourmarin travailler à son roman et se promettait seulement d'accompagner la tournée en Afrique du Nord. Mais il ne put s'empêcher de retrouver, deux fois encore, ses comédiens. A Fontainebleau, d'abord, puis à Marseille. Lourmarin est proche de Marseille, Camus n'eut qu'un saut à faire. Ce soir-là, le photographe d'un quotidien régional se trouvait dans la salle. Il aperçut Camus mêlé au public et le photographia. Faces hilares de la foule (on jouait à ce moment un passage comique), visage soucieux de Camus surveillant ses interprètes. Ce fut la dernière photo prise de lui.

4 janvier 1960. La compagnie Herbert qui vient de « relâcher » trois jours à Paris repart en tournée, vers Tourcoing. Avant de quitter sa femme, comédienne, un ami de Camus lui demande : « Où est Camus en ce moment ? » – « Chez lui, à Lourmarin, *les Terrasses.* » Docilement, le mari de la comédienne inscrit le nom, l'adresse sur une enveloppe : vœux de bonne année. En postant sa lettre, il consulte machinalement sa montre : 14 h 5. A 15 heures, le car de la tournée s'est mis en route. Halte à Lille. Pierre Blanchar est appelé au téléphone. « Ici l'A. F. P. Que pensez-vous de la mort de Camus ? » Le soir, à Tourcoing, il fallut tout de même jouer. Et Maria Liebadkine, Maria-la-boiteuse, Maria-la-folle, désignant une carte tombée du jeu : « La mort ! Je vois la mort ! »

Pendant trois jours encore les comédiens de la tournée continuèrent de recevoir des lettres de Camus postées de Lourmarin, transmises avec retard, au hasard de leurs déplacements. Ces lettres disaient : *Courage. Bon travail. Je ne vous oublie pas. Je suis avec vous.*

CAMUS AUJOURD'HUI

> L'obéissance d'un homme à son propre génie est
> la foi par excellence. EMERSON. *

Camus connut le pire pour un écrivain : une gloire fulgurante assiégée de questionneurs. *Nous autres, écrivains du
XXe siècle, ne serons plus jamais seuls.* L'écrivain d'hier se
tenait sur des gradins d'où il regardait le spectacle du monde,
ce pourvoyeur de *sujets ;* aujourd'hui, la foule exige qu'il
descende au milieu d'elle. Elle l'accoste, elle lui demande
réponse à tout. Camus devint célèbre au plus aigu de cette
curiosité et de cette confiance, quand toute une jeunesse,
sortant d'un cauchemar, cherchait en tâtonnant des maîtres.
Il fut du jour au lendemain cerné de regards avides. Combien
ces regards lui pesèrent parfois, il ne l'a pas dissimulé. Témoi-
gnons qu'il les soutint avec une dignité qui demeure, autant
que son œuvre, la preuve de sa grandeur.

Il n'était ni de ceux qui se laissent accaparer, ni de ceux qui
reprennent ce qu'ils ont donné. Il était simple, attentif, ponc-
tuel. Il savait que la politesse est le premier degré de la
justice, puisque c'est une justice élémentaire qu'on rend à
autrui. Il avait l'amitié pointilleuse, mais fidèle dans les

---

* Cité par Camus dans *Discours de Suède.*

petites choses, ainsi que Péguy la définissait. On aime que cet homme aux prises avec une tâche immense ait toujours trouvé le temps de répondre aux lettres, de lire des manuscrits de débutants, de défendre et d'éditer des morts (Simone Weil). On aime aussi qu'il ait toujours respecté le contradicteur. Ses flèches étaient parfois acérées mais jamais empoisonnées. Il ne savait pas mépriser.

Il n'était vraiment gêné que lorsqu'on lui parlait de ses écrits ; alors, devant la confusion des valeurs si volontiers complimenteuse, on eût dit que tout son être se rétractait. « Ce n'est pas cela, ce n'est pas cela », répétait en lui la part secrète d'absence que comportait une présence aussi tranquille :

Parfois, dans ces « premières » de théâtre qui sont le seul lieu où je rencontre ce qu'on appelle avec insolence le Tout-Paris, j'ai l'impression que la salle va disparaître, que ce monde, tel qu'il semble, n'existe pas. Ce sont les autres qui me paraissent réels, les grandes figures qui crient sur la scène. Pour ne pas fuir alors, il faut se souvenir que chacun de ces spectateurs a aussi un rendez-vous avec lui-même ; qu'il le sait et que sans doute il s'y rendra tout à l'heure. Aussitôt, le voici de nouveau fraternel : les solitudes réunissent ceux que la société sépare. Sachant cela, comment flatter ce monde, briguer ses privilèges dérisoires, consentir à féliciter les auteurs de tous les livres, remercier ostensiblement le critique favorable, pourquoi essayer de séduire l'adversaire, de quelle figure surtout recevoir ces compliments et cette admiration dont la société française (en présence de l'auteur, du moins, car, lui parti !)... use autant que du Pernod et de la presse du cœur ? Je n'arrive à rien de tout cela, c'est un fait. Peut-être y a-t-il là beaucoup de ce mauvais orgueil dont je connais en moi l'étendue et les pouvoirs. Mais s'il y avait seulement cela, si ma vanité était seule à jouer, il me semble qu'au contraire je jouirais du compliment superficiellement, au lieu d'y trouver un malaise répété. Non, la vanité que j'ai en commun avec les gens de mon état, je la sens réagir surtout à certaines critiques qui comportent une grande part de vérité. Devant le compliment, ce n'est pas la fierté qui me donne cet air cancre et ingrat que je connais bien mais (en même temps que cette profonde indifférence qui est en moi comme une infirmité de nature), un sentiment singulier qui me vient alors : « Ce n'est pas cela... », et c'est pourquoi la réputation, comme on dit, est parfois si difficile à accepter qu'on trouve une sorte de mauvaise foi à faire ce qu'il faut pour la perdre.

Physiquement, Camus était difficile à saisir. Quel peintre, quel sculpteur eussent réussi à fixer son visage, assez différent selon qu'il était vu de face ou de profil, nul ne le saura puisqu'il n'a jamais posé que pour des photographes, le plus souvent dans l'instantané du travail, au prix de fréquentes marques de fatigue révélées par l'image. Un portrait plaisant est celui que Mme Saint-Clair brosse dans sa *Galerie privée* : « Cheveu sombre et bien planté, nez peu proéminent... joues longues et pleines... teint légèrement cendré mettant en valeur des prunelles où le jaune et le vert luttent avec le gris dans un regard vigilant et direct... Ses mains, bien dessinées, ont des gestes expressifs étonnamment précis que soulignent les mots énoncés d'une voix mate. » Mais finalement, il faut se contenter des impressions saugrenues mais non sans quelque vérité qui échappent à ses amis : « Un Greco ! » ou « Humphrey Bogart! » et nul ne sera plus éloquent que M. Roger Grenier : « Si on me demande de parler de lui, tout ce que je trouve à dire, ce sont des choses comme : « Il portait toujours un imperméable. » Et si l'on veut que je cite ses paroles, il me revient des plaisanteries de salle de rédaction. »

C'est vrai : ce « maître à penser » *(Quant au « maître à penser », il me fait bien rire. Pour enseigner, il faut savoir. Pour diriger, il faut se diriger)* déplorait qu'on ne distinguât pas assez la part de l'humour dans son œuvre et, dans le privé, faisait des farces. M. Etiemble raconte comment, en compagnie de René Char, il se laissa passer pour le gangster Pierrot le Fou auprès d'un hôtelier terrorisé. M. Emmanuel Roblès fait revivre pour nous ses démêlés avec les deux officiers de cavalerie préposés en 1939 à la censure de *Soir-républicain.* Ces militaires dont nous avons déjà esquissé le portrait « se montraient sévères à l'excès, tatillons, soupçonneux, méprisants ». Camus fit défiler sous leurs yeux des pensées de ce genre : « Quand un homme est sur un cheval, le cheval est

toujours le plus intelligent des deux. André Maurois. »
« Les hommes se jugent à l'usage qu'ils font de leur puissance.
Il est remarquable que les âmes inférieures ont toujours tendance à abuser des parcelles de pouvoir que le hasard ou la
bêtise leur ont confiées. *Caligula.* » Un autre jour, il termina
son article par cette phrase : « Il faut lui faire la chasse,
donc combattre ce scombéroïde. » Tête des censeurs. « Longtemps les officiers discutèrent à voix basse. – Puis-je vous être
utile, messieurs ? demanda Camus en prenant son air conci-
liant d'archevêque. Sans répondre... nos censeurs filèrent au
Gouvernement Général. Le temps passa. Nous sûmes que
là-haut on consultait fiévreusement les dictionnaires, on
appelait en renfort un grave professeur... Finalement, l'article
tout entier fut supprimé sans explication. »

Comment travaillait-il ? Debout, *parce que j'ai besoin de me
dépenser.* Méthode : *Des notes, des bouts de papiers, la rêverie
vague, et tout cela des années durant. Un jour vient l'idée, la
conception qui coagule ces parcelles éparses. Alors commence
un long et pénible travail de mise en ordre.* Parle-t-il de l'ouvrage
en cours ? *Non.* Travaille-t-il régulièrement ? *Quand tout va
bien : quatre ou cinq heures au début de chaque journée.* Se sent-il
en faute quand il remet le travail au lendemain ? *Oui... Je
ne m'aime pas... la création est une discipline intellectuelle et
corporelle, une école d'énergie. Je n'ai jamais rien fait dans l'anar-
chie ou l'avachissement physique.*

Mais cet homme, cette œuvre, quand la mort les frappa,
pourquoi en ressentîmes-nous une telle douleur, un tel
sentiment de frustration ? Pourquoi nous manquèrent-ils,
comme si on nous avait mutilés, en quoi nous étaient-ils, à ce
point, nécessaires ?

On a pu dire que Camus n'a rien inventé, et c'est vrai, en
somme. Camus vient en droite ligne des Grecs, de Nietzsche,
Dostoïevsky, Unamuno (et Pascal, et Molière, ajoutait-il) ;
parmi les contemporains, Gide, Malraux, Montherlant, mais
l'influence est bien moindre. A R.-M. Albérès revient le
mérite de sagaces précisions : « Camus est un écrivain sélec-
tif. Par son tempérament, il appartient plus à une lignée qu'à

une époque. Il n'est pas de ceux qui prennent le ton de la littérature de leur temps... On pourrait expliquer tout Camus en imaginant que les années 1895-1933 n'ont pas existé... Tous les intermédiaires entre la révolution nietzschéenne et les trous noirs des fusils devant les intellectuels de 1942, tous ces intermédiaires se trouvent abolis : l'ancrage de Barrès aux rocs du traditionalisme, les ressassements de Péguy, les sophistications de Huxley ou de Pirandello, le gœthéisme puissant et contradictoire de Thomas Mann, les retours à la foi, le surréalisme, les conversions à la révolution... » *Abolis* ou dépassés d'un coup d'aile ? *Intermédiaires*, en tout cas, est le mot juste. En fait, l'œuvre de Camus n'ignore aucun paysage mais, soucieuse seulement des terres essentielles, survole les autres sans s'y poser. A qui contemple les puissantes marées de l'Éternel Retour, les simples redites sont insupportables. Or, c'est de redites, de vaguelettes que vit une littérature d'époque. L'œil de Camus suivait des crêtes plus hautes.

Première remarque : il n'a jamais cédé à la littérature de pur divertissement. Non qu'il admît cette *haine de l'art... entretenue par les artistes eux-mêmes* qui pousse les écrivains contemporains à rougir de leur vocation et à se faire les bâtards de la politique *(Racine en 1957 s'excuserait d'écrire « Bérénice » au lieu de combattre pour la défense de l'Édit de Nantes) ;* mais justement, à la dimension de son œuvre et de l'époque où elle a été écrite, ce dilemme ne se posait pas pour lui. En 1900, le poète de *Noces* n'eût été sans doute qu'un esthète mutilé. Un peu plus tard, il se fût accordé le droit, au moins une fois ou deux, de conter pour le plaisir de conter, comme Roger Martin du Gard. Mais à partir des années 30, une haute vague venue des grandes époques où l'art et l'homme sont inséparables impose aux meilleurs à la fois la joie et le combat, la poésie et l'action, le divertissement et la leçon morale. Littérature engagée ? Certes, mais encore faut-il qu'elle le soit pleinement, comme elle l'était, par exemple, pour Sophocle au lendemain de la guerre pour la liberté. On mesurera les manques de chacun à ce qu'il ne tient pas la balance droite, à ce qu'il la fait pencher tantôt vers le Soleil et tantôt vers l'Histoire. Le plus grand, celui qu'à tous points de vue on pourra appeler le juste, sera l'auteur d'une œuvre équilibrée où ce qui est écrit pour la joie de soi-même se confondra avec l'expression du combat quotidien. La joie finira dans le précepte de conduite, et l'enseignement, même politique, baignera dans la lumière de midi.

Une telle œuvre réclame un style qui refuse la mode. Et d'abord un vocabulaire compréhensible. Camus laisse à d'autres le jargon philosophique qui est à la littérature ce que le technocrate est à l'ouvrier. Il n'est pas un « spécialiste » et n'écrit pas pour initiés dans ce langage qui sécrète une obscurité confortable et rejoint, chez certains essayistes contemporains, la préciosité des ruelles. En cela, oui, Camus retient la leçon de Molière. Il sait que ce langage est celui de l'esprit de sérieux qu'on peut nommer aussi l'esprit de lourdeur et qu'en littérature comme en politique il conduit infailliblement à la distraction, c'est-à-dire à oublier (ainsi que le note, dans une étude sur le théâtre comique, M. H. Gignoux), « la vie pour la doctrine, le bien public pour des plans, la justice pour la procédure ». La plupart des grands crimes de ce siècle ont eu pour auteur l'esprit de sérieux armé du langage technique. Il a peuplé les bagnes, les camps de concentration et les fosses communes.

Clarté d'abord (et même « retour à la simplicité », dira Jean Grenier). *Une époque créatrice en art se définit par l'ordre d'un style appliqué au désordre d'un temps.* Camus revient aux mots élémentaires : *terre, mer, fraternité, homme, honneur, liberté, joie, justice, amour* [1] et ne craint pas de les ressasser. On distingue chez lui deux écritures : l'une, sèche et rapide, exprime le fait, l'indifférence, l'humour, les mécanismes de l'Histoire ; l'autre, ample et déferlant en vagues profondes, la communion, le brassage des temps et des mondes, l'éternité. La phrase est souvent martelée, le point fréquent. Langage

---

1. Soyons précis. A la question : « Quels sont vos dix mots préférés ? » Camus répond : « *le monde, la douleur, la terre, la mère, les hommes, le désert, l'honneur, la misère, l'été, la mer* ».

« universel » ? Non, certes, comme l'entend un Céline, obsédé par le divorce de la littérature et du peuple et « allant au peuple » par les moyens de l'argot et de l'impressionnisme : si émouvante que soit cette tentative, elle n'en est pas moins à contre-raison. Ce n'est pas la littérature qui doit aller au peuple, mais le peuple qui doit aller à elle. Camus écrit aristocratiquement et simplement, pour être compris par ceux qui aiment à le lire. Si tous n'en ont pas l'occasion, ce n'est pas sa faute, mais celle d'un État bourgeois qui écarte le peuple de la culture. Lui, Camus, se tient au point exact, au-delà l'hermétisme, en deçà la complaisance. Un pays ne pourra se dire vraiment civilisé que lorsque tous ses enfants, même socialement les plus humbles, pourront l'y rejoindre s'ils le désirent.

Au reste, qu'est-ce que le style ? « L'homme même », sans doute, mais aussi l'outil qu'il se donne pour forer le mystère compact du monde. Un des caractères du style de Camus est l'éloignement : au plus, un arrêt quasi religieux devant un mur jugé infranchissable (nous y reviendrons) au moins, la retenue devant l'émotion. A une époque où la littérature hésite entre le commentaire impersonnel et la confession ivre, Camus distancie le sujet tout en y mettant son cœur[1]. Les grands artistes faisaient ainsi : mais c'est qu'il a débuté comme eux, par une lente et respectueuse approche. Avant d'écrire, Camus a regardé : contemplation de sa mère, du visage de sa mère, au commencement de tout *(... mettre au centre l'admirable silence d'une mère et l'effort d'un homme pour retrouver une justice ou un amour qui équilibre ce silence)*. Puis touché : le sable, le flot, les lentisques (Tipasa), le corps des femmes et cette *petite pierre douce* qui pèse le poids du monde. Alors seulement ce qu'il appelle la révolte : pour l'artiste, l'effort de refaire le monde *avec une légère gauchissure qui est la marque de l'art et de la protestation*, a libéré le désir de création qui frémissait en lui. *Le grand style n'est pas une simple vertu formelle... Le grand style est la stylisation invisible, c'est-à-dire incarnée.*

---

1. Tous brouillons et variantes vont de l'expression immédiate à l'éloignement et à la discrétion, tel le recul de l'artiste devant la toile.

Respect, émerveillement, insatisfaction. Plus l'artiste avance dans son art, plus il admire *(... cette joie suprême de l'intelligence dont le nom est admiration) ;* et plus le public le croit rapproché de ce qu'il exprime, d'une main progressant chaque jour, plus il s'en sait, lui, éloigné. *Après vingt années de travail et de production, je continue de vivre avec l'idée que mon œuvre n'est pas commencée,* avoue l'écrivain. Quant à l'homme, qui met par-dessus tout *la vérité et les valeurs d'art qui la reflètent,* voici le moment de citer une de ses paroles les plus profondes : *Existe-t-il un parti des gens qui ne sont pas sûrs d'avoir raison ? C'est le mien.* Car il y a une vérité solaire, liberté, justice, bonheur, qui est évidente et même aveuglante, qui s'est prouvée en suscitant la révolte du créateur, qui ne cesse de l'accompagner et de l'imprégner, mais le débat qu'elle instaure sur terre, au niveau de la *misère* et de la contradiction, exige la plus grande modestie. Partout règne l'alternative : l'envers et l'endroit, l'exil et le royaume. Douter, douter et encore douter. Faute de quoi, on tombera dans le pire : en politique, la certitude qui conduit au prophétisme, en littérature, l'œuvre à thèse, c'est-à-dire la pensée satisfaite. Bourgeoisisme de droite ou de gauche, manquement élémentaire à l'honneur. L'homme donc, comme l'écrivain, devra avoir un style ; ou plutôt, le même style définira l'homme et l'écrivain. L'écrivain, quand il ne parlera plus seulement de lui-même, laissera la parole à ses personnages (Meursault, Clamence) ou à un narrateur qui les distanciera de lui (Rieux). L'homme, en face de ses « semblables », s'éloignera d'autant pour mieux leur rendre justice. Il ne cherchera pas à les fondre avec lui dans la totalité, mais à respecter leur différence, condition de l'unité à quoi il tend. En 1948, invité à prendre la parole au couvent des dominicains du boulevard Latour-Maubourg, Camus tient à commencer par ces mots : *Je veux déclarer que ne me sentant en possession d'aucune vérité absolue et d'aucun message, je ne partirai jamais du principe que la vérité chrétienne est illusoire, mais seulement de ce fait que je n'ai pu y entrer.* Attitude qui, bien sûr, ne sera pas toujours payée de retour, et singulièrement par les chrétiens.

Camus à peine enterré, le reportage filmé de ses obsèques

à Lourmarin s'acheva sur la vision, en gros plan, de la croix du cimetière. Ne nous attardons pas à quereller le cameraman, qui n'était sans doute qu'un imbécile distrait et qui crut nécessaire de prendre cette image finale parce que « ça fait bien, c'est la mort, une croix, le bon Dieu, s'pas ? ». Il reste que cette image est injurieuse et scandaleuse. Avec une facilité digne de la presse du cœur, elle illustre une tendance benoîte à considérer l'œuvre de Camus comme inachevée, non à cause d'un fait physique brutal, la mort [1], mais parce que « Dieu en est absent ». De là à récupérer Camus, enfant perdu du christianisme, il n'y a qu'un pas.

« Ses sentiments n'étaient pas antichrétiens », reconnaît le Père Bruckberger. Parbleu! Camus est un moraliste, comme la plupart des écrivains français. Comme eux, il lui est donc impossible d'échapper à des siècles de morale et de raison chrétiennes. Camus–l'enraciné n'a pas cherché un Dieu ailleurs, chez les Hindous ou les Chinois. Il a hérité la Grèce et le christianisme et il a accepté cet héritage. Sur son sol natal, il a construit sa demeure : qu'il n'en voulût point d'autre, il l'a, je pense, suffisamment affirmé. Des tentations ? Le Père Bruckberger nous le montre sortant déprimé et déçu de ses rencontres avec des prêtres. « Je le dis avec tristesse, ce qu'il attendait, il ne l'a peut-être pas reçu. » Mais qu'attendait-il ? Tout est là.

Il est vrai que Camus aimait la compagnie des clercs, qu'il fit sa première lecture du *Malentendu* aux moines de Saint-Maximin et que la trace chrétienne court dans son œuvre au point que c'est presque un jeu de l'y dépister : rappelons des titres (*les Justes, la Chute, l'Exil et le Royaume*), les pièces qu'il mit en scène (*la Dévotion à la croix, Requiem pour une nonne, les Possédés*), des personnages, des situations et des décors (Martha et Maria du *Malentendu*, l'enfer d'Amsterdam en cercles concentriques...). Mais comment un écrivain rejetterait-il des mots et des images lourds d'une signifi-

---

1. *Disons que le seul obstacle, le seul « manque à gagner », est constitué par la mort prématurée. (Le Mythe de Sisyphe.)* Et puisque nous en sommes aux grotesques, n'oublions pas ce « grand journal d'information » qui publia que Camus avait eu « la même mort que Rimbaud ». Ce serait simplement risible si de telles feuilles à grand tirage ne constituaient la seule « culture » mise à la portée des masses.

cation universelle ? Comment un homme, respecteux de la différence humaine n'entrerait-il pas dans la connaissance de l'Église, et pourrait-il y entrer sans tolérance, intérêt, application ? Il est honnête de distinguer deux attitudes : Camus devant l'Église, Camus devant Dieu (et même une troisième, Camus devant le Christ). La première n'entraîne pas plus la seconde que la seconde n'entraîne la première, et l'on peut se convertir à Dieu sans se convertir à l'Église (Simone Weil), tout de même qu'on peut, sans croire en Dieu, reconnaître en quelques-uns de ses prêtres des êtres fraternels.

Camus les reconnut. Et ils le reconnurent, n'en doutons pas, aux questions avides et incessantes qu'il leur posa. Ce furent le plus souvent – sur le mal, par exemple – des questions qu'Ivan Karamazov aurait pu poser. Il est clair que Camus voyait dans les chrétiens des hommes très proches de lui puisqu'ils font la part du sacré, de la justice, de la dignité. Sur bien des points, eux et lui se rejoignirent ; ils luttèrent même côte à côte. Mais jusque dans cette lutte, Camus n'oubliait pas l'ambiguïté fondamentale : le chrétien combat moins pour ce monde-ci que pour le monde futur. Il n'oubliait pas que le premier acte – à ses yeux, le crime – du christianisme avait été de divorcer l'homme de la nature au profit de la promesse ou du mirage de cet autre monde. Ainsi, dans le combat commun, les alliés chrétiens ont peut-être mêmes armes et même discipline, mais ils n'ont pas le même but. Ils n'ont pas non plus le même langage, ou plutôt, le leur est feutré et Camus leur reproche à bon droit de parler souvent à voix basse. De quel terme qualifier ces compagnons qui croient que, de toute manière, la victoire se remporte ailleurs ? La réponse est dans *la Peste* et concerne, précisément, le Père Paneloux. Le Père Paneloux a, certes, cessé de célébrer le mal comme une vengeance de Dieu sur les créatures, il a mené à son tour un combat bien terrestre, avec Rieux, avec Tarrou, il y a même trouvé la mort ; cependant, quand on le découvre un matin, inerte, hors du lit, le regard n'exprimant rien, on inscrit sur sa fiche les seuls mots qui conviennent : « Cas douteux ».

Ce cas douteux passionne Camus et en même temps le scandalise. Il exige beaucoup des chrétiens parce que, quoi qu'il veuille, il ne peut concevoir que l'amour admette le mal. Les chrétiens (M. Georges Hourdin) lui répondent par l'argument de la liberté. Malheureusement, l'Église est là pour démontrer à quel point cette liberté tourne à la complaisance, voire à la complicité : si les révoltés et même les blasphémateurs ont fini par annexer le Christ, cet *innocent de plus*, n'est-ce pas parce que l'Église triomphante s'est empressée de le remplacer par le Dieu de l'Ancien Testament ? Toutefois, répétons-le, le fossé qui sépare Camus des chrétiens n'a pas été seulement creusé par les Inquisiteurs brûleurs de chair humaine, les cardinaux bénisseurs de bombardiers et les papes qui condamnent le racisme du bout des lèvres dans une langue inintelligible. Et si le Père Paneloux trouvait une explication satisfaisante à la mort des enfants, ce fossé n'en subsisterait pas moins. Camus n'a pas la foi, ou plutôt il a la foi de ne pas croire. « Tu ne me chercherais pas si tu ne m'avais déjà trouvé » : mais Camus, justement, ne cherche pas. Toute son œuvre atteste un désintérêt pour Dieu que le sens du sacré ne corrige ni ne contredit. A la rigueur (paraphrasant Oberman) : « Si Dieu n'existe pas, faisons que ce soit une injustice » paraît le point extrême où des chrétiens auraient le droit de le situer. Un homme dont le royaume tout entier était de ce monde se tient silencieux – maintenant, à jamais silencieux – devant la *futilité* de ce qui vient après la mort ; et même devant la futilité de toute explication de la vie et de la mort.

Les croyants l'ont regretté en des termes qui ne laissent pas de nous émouvoir, et ils continuent avec lui la discussion comme si, au-delà du tombeau, ils espéraient encore le convertir. La mort de Camus « escamoté » a inspiré à Mme Maria Le Hardouin des pages admirables. M. Marc Bernard, à partir de l'absurde, a attaqué ce qu'il appelle sa « contradiction » : « Dire que la vie est absurde me semble une absurdité... Tout se passait comme si après avoir condamné la vie sans appel – si elle est absurde dans son essence même, qu'y a-t-il qui puisse nous indigner ? – il (Camus) se retranchait

aussitôt dans un univers purement humain pour en exiger une logique totale... Comment organiser, de quelque façon que ce soit, dans quelque secteur que ce soit, un ordre, si le désordre est immanent, irrémédiable, s'il relève de notre condition même, s'il est une fatalité ? » Quant à William Faulkner, son puritanisme, sans doute, l'incite à trancher carrément : « Il (Camus) disait : – Je n'aime pas croire que la mort ouvre encore une autre vie. Pour moi, c'est une porte qui se ferme. C'est ce qu'il essayait de croire. Mais il n'y parvenait pas. Malgré lui, comme tous les artistes, il a passé sa vie à chercher et à exiger de lui-même les réponses que Dieu seul savait... Pourquoi n'a-t-il pas alors renoncé, s'il ne voulait pas croire en Dieu ? »

Pourquoi ? Mais parce que cette recherche (pas de Dieu : des réponses) est le propre de l'homme. Au surplus, Camus est un des rares écrivains de ce siècle qui sachent s'arrêter à temps : jamais il ne franchit le seuil interdit au-delà duquel la lucidité est paralysée.

M. Claude Vigée a, dans une étude remarquable, cerné le moment décisif de *l'Étranger*, celui où Meursault, sur la plage où il va tuer l'Arabe, ressent la brûlure du soleil. *A cause de cette brûlure que je ne pouvais plus supporter, j'ai fait un mouvement en avant. Je savais que c'était stupide et que je ne me débarrasserais pas du soleil en me déplaçant d'un pas. Mais j'ai fait un pas, un seul pas en avant...* Ce pas suffit : parce qu'il n'a pas résisté au soleil, ou plutôt parce qu'il est allé plus avant, Meursault commet l'acte irréparable, entre dans la mort. « Le sort de l'Étranger est un avertissement aux pèlerins du royaume. » Moins irrémédiablement, Janine, la femme adultère, tombe renversée sur la terre froide après avoir été brutalement submergée par « l'eau de nuit », et Jonas, à la vue extatique de son étoile, s'écroule sur le plancher de sa soupente. Tant de coïncidences dénotent une intention claire : « Le danger mortel pour Camus réside, semble-t-il, dans la tentation de mettre le sacré en acte... ou de devenir l'objet *ravi* de sa puissance. »

Un long cheminement conduit à cette « terreur sacrée ». Elle commence au plus modeste, devant un paysage. *S'il est des paysages qui sont des états d'âme, ce sont les plus vulgaires,* affirme Camus, et qu'est-ce que cette phrase nous enseigne, sinon la retenue ? Un peu plus tard, l'homme gagnera *une certaine familiarité avec le beau visage du monde.* Comment ? Non en le regardant face à face, mais au contraire, en faisant *un pas de côté pour regarder son profil.* L'attitude « arrêtée » devant le sacré n'est que l'aboutissement de cet apprentissage. Revenons ici à M. Vigée, car on ne saurait mieux dire : « La frénésie tue, l'extase de l'union substantielle éteint l'individualité humaine, alors qu'il ne s'agit pour Camus que d'accorder celle-ci au monde, afin qu'elle entrevoie de loin, et protégée dans sa retraite par la Figure ouvragée de l'artiste, une lueur seulement du feu terrible qui nous fait vivre, certes, mais aussi mourir. »

Là-dessus, on a discuté du *paganisme* de Camus, ce qui ne pouvait mener à rien, sinon à le faire accuser du péché de littérature par des gens qui, à cet égard, péchaient beaucoup plus que lui ; ou bien, on a laissé entendre, d'un air finaud, que les Grecs l'eussent conduit tôt ou tard au christianisme, en oubliant sans doute que la réflexion qui l'eût mené là, il l'avait longuement faite dans sa jeunesse en étudiant tout spécialement l'apport hellénique dans la nouvelle religion. Au reste, pourquoi cette ardeur à le convertir à tout prix ? Camus n'a pas milité dans l'athéisme. Je doute qu'aucune foi profonde ait été ébranlée par lui. Il ne le souhaitait d'ailleurs pas. Mais peut-être a-t-il arrêté sur la pente d'une conversion paresseuse des esprits portés à un abandon sommaire. Il les a donc empêchés de se rassurer, ce qui n'est un mal qu'aux yeux des médiocres. Et loin de suspendre en eux toute réflexion, il l'a raffermie et développée en leur inculquant le contraire de la facilité, cette *mesure* que son œuvre symbolise par l'arc bandé à l'extrême et ne décochant point sa flèche. On peut préférer cette halte respectueuse au saut aveugle dans l'inconnu ou au sublime facile de certains mysticismes, pour ne rien dire des croix machinales de Lourmarin et d'ailleurs. Enfin, cette réticence devant le sacré nous propose une contrepartie rien moins que négative. Elle oblige l'homme à considérer son royaume terrestre et à ne pas se décharger de son fardeau sur un portefaix divin, une volonté extérieure et mystérieuse. Car l'absurde – faut-il y revenir ? – ne détruit pas l'homme et, non point « coupé » mais spectateur de tout ce qui l'entoure, il peut, au sein même du désordre, ordonner son aventure et la rendre digne d'être vécue.

Avant tout, la fidélité. L'homme camusien a les deux pieds sur terre et, né de hasard dans un lieu de hasard, fait de ces hasards, comme de sa vie, une vocation. La patrie existe : terre des vivants, terre du présent. Sans doute l'homme peut vivre et mourir dans une chambre d'hôtel : c'est là affaire de biens, on peut s'en passer ; mais au voyageur, au déraciné dont le voisin anonyme vient de mourir ainsi, à Prague *(la Mort dans l'âme)*, tout paraît soudain sordide et misérable car le pire dénuement est d'être éloigné de sa patrie. *Alors je pensai désespérément à ma ville, au bord de la Méditerranée, aux soirs d'été que j'aime tant, très doux dans la lumière verte et pleins de femmes jeunes et belles. Depuis des jours, je n'avais pas prononcé une seule parole et mon cœur éclatait de cris de révoltes contenus. J'aurais pleuré comme un enfant si quelqu'un m'avait ouvert les bras.*

Cette patrie, on a vu combien elle était menacée, par les nationalismes qui en sont l'odieuse caricature et par l'uniformisation dégradante du monde. Elle se réfère d'ailleurs à beaucoup plus que des paysages ou une histoire : elle est aussi métier et style de vie. Camus aime qu'on fasse un choix et que, ce choix fait, on s'y tienne : il n'a pas grande estime pour les athées qui soupirent : « Mon Dieu », ni pour les prêtres qui se déclarent anticléricaux. En revanche, la fidélité au métier, à l'outil, lui apparaît comme le premier honneur de l'homme ; et cette fois encore, comme pour le débat politique sur sa patrie algérienne, il faut bien se garder de le taxer de je ne sais quelle nostalgie réactionnaire.

On sait l'admiration que Camus vouait à Simone Weil, pour avoir vécu la condition ouvrière et l'avoir définie par le *déracinement*. Le drame du salariat est l'expatriation des travailleurs. « Quoique demeurés sur place géographiquement, ils ont été moralement déracinés, exilés... Ils ne sont chez eux ni dans leurs usines, ni dans leurs logements, ni dans les partis et syndicats soi-disant faits pour eux, ni dans les lieux de plaisir, ni dans la culture intellectuelle... » Treize ans ont passé depuis la publication de cette page célèbre – publication due à Camus – et les sourds remous de la classe ouvrière n'ont fait que l'authentifier. Ni les augmentations de salaires, ni les nationalisations, ni même la suppression de la propriété privée ne suffisent à rendre supportable la condition prolétarienne. « On ne détruira pas la condition prolétarienne avec des mesures juridiques », mais cette destruction « se ramène à la tâche de constituer une production industrielle et une culture de l'esprit où les ouvriers soient et se sentent chez eux ».

Camus pensait ainsi. Nul mieux que lui n'a dénoncé l'horreur du travail moderne, ce travail qu'on ne peut aimer, ce premier ennemi du bonheur ; cependant, cette dénonciation n'entraînait nullement chez lui, comme on l'a dit un peu trop vite, un refus des techniques. Quand l'ouvrier Yvars n'ose plus regarder la mer parce qu'elle évoque toutes les promesses de sa jeunesse libre écrasées par les servitudes du travail, ce n'est pas son métier qui est en cause (il est tonnelier, un des derniers métiers – d'ailleurs agonisant – où la main sait ce qu'elle crée), mais la précarité inhumaine du salariat. Inversement, si le colonat a déraciné en Algérie l'Arabe sur son propre sol, c'est en l'écartant du progrès mécanique, en l'excluant du siècle des techniques. Pour Camus, la machine n'est pas l'ennemie de l'homme. Elle n'est *mauvaise que dans son emploi actuel* et d'ailleurs, jusque dans sa marche aveugle, *fait surgir sa propre mesure. ... A force de démesure, un jour vient où une machine à cent opérations, conduite par un seul homme, crée un seul objet. Cet homme, à une échelle différente, aura retrouvé en partie la force de création qu'il possédait dans l'artisanat. Le producteur anonyme se rapproche alors du créateur.* Quant à la science, elle est solidaire de cette mesure de par ses propres origines, ses acquisitions patientes et scrupuleuses, et lorsqu'elle l'oublie, par exemple en se mettant au service de l'esprit de puissance, sa punition est de ne plus produire, alors, que des moyens de destruction. *Mais quand la limite sera atteinte, la science servira peut-être la révolte individuelle. Cette terrible nécessité marquera le tournant décisif.*

Fidélité à la terre, à l'œuvre, à la dimension humaine, alliance avec les forces matérielles : au-dessus de la communauté rétablie se dresse, droite, étincelante, l'épée de Justice.

Camus nous rappelle inlassablement que la justice est d'abord un équilibre personnel sans cesse menacé, l'effort continu d'une double vision, *l'Envers et l'Endroit.* « Il est né arbitre... Appuyé seulement sur soi-même, refusant toute transcendance, il n'élude aucune difficulté... Il oppose à tous, à chaque instant, le fait moral à l'état brut. » (Georges Hourdin.) Tenons-nous-en aux paroles, en nous donnant seulement la liberté de les reproduire – ou de les rappeler – dans un ordre qui retracera le cheminement d'une croyance : on y verra qu'à un moment la justice, pour être vraiment la justice, rétablit elle-même un équilibre qu'elle avait failli compromettre. Qu'est-elle d'abord ? Rien qu'un refus opposé à l'idée raisonnable, en somme, que *tout est équivalent* et que le bien et le mal se définissent abstraitement selon qu'on le veut. Ainsi pensait « l'ami allemand », et Camus ne voyait *guère d'argument* à lui opposer, sinon *un goût violent de la justice qui, pour finir, me paraissait aussi peu raisonné que la plus soudaine des passions.* Il le raisonne pourtant, et la parole suivante est un éclaircissement, un élargissement : ... *Il m'apparaissait... que l'homme devait affirmer la justice pour lutter contre l'injustice éternelle, créer du bonheur pour protester contre l'univers du malheur.* Cette fois la croyance est établie, fermement, sereinement : *J'ai choisi la justice... pour rester fidèle à la terre. Il n'y a pas d'ordre sans justice... La justice est à la fois une idée et une chaleur de l'âme.* Mais sur cette dernière phrase s'opère le « rétablissement d'équilibre » que nous avons mentionné et qui était indispensable. Car la justice suppose une limite, et toute justice que l'on veut totale n'est que *convulsion. Sachons la prendre dans ce qu'elle a d'humain, sans la transformer en cette terrible passion abstraite qui a mutilé tant d'hommes. Tuer la liberté pour faire régner la justice revient à réhabiliter la notion de grâce sans l'intercession divine et restaurer, par une réaction vertigineuse, le corps mystique sous les espèces les plus basses.* Et enfin : *Que serait la justice sans la chance du bonheur ?*

Oui, la justice est la première approche du bonheur – la seconde étant la liberté qui se confond presque avec lui : cette liberté pour laquelle les hommes acceptent de mourir (alors que, pour la justice, ils hésitent), ce qui prouve bien qu'elle est l'ultime conquête avant le bonheur, la dernière clef qui ouvre tout, même l'amitié : *L'amitié est la science des hommes libres. A la mer, à la mer !* est donc un cri qu'on ne peut pousser qu'après avoir établi la justice, mais à condition de n'en pas faire une déesse ; et dès lors, dans la liberté, l'homme reconnaîtra aussi la beauté et se trouvera enfin *en haute mer, menacé, au cœur d'un bonheur royal.* C'est assez pour vivre, c'est-à-dire *courir à sa perte.* C'est assez pour mourir réconcilié, malgré l'absurde du monde, et possesseur de la sagesse dernière qui, après tant de révoltes nécessaires, est le refus de toute révolte.

Rien que de la morale en tout cela, rien que de la bonne conscience, répliquent certains, et, naturellement, l'épithète « bourgeois » couronne ce jugement hâtif. Il n'y a qu'un malheur : ce sont ces gens, et non Camus, qui retardent de quelques décennies. Nous sommes, hélas ! payés pour savoir ce que devient un monde où la technocratie morale remplace la morale comme le beau langage des Précieuses remplaçait la bonne soupe ; et le bourgeois d'aujourd'hui est ce technocrate des ruelles politiques, ce spécialiste des efficacités fragmentaires. *La femme stérilisée par le S. S., l'homme qu'on a fait coucher contre sa sœur nue, la mère qui tenait son enfant contre elle pendant qu'on lui cassait la tête, celle qu'on a invitée à l'exécution de son mari, les rescapés des fours, tous ceux qui ont tremblé, jour après jour, des années durant, qui ne sont plus chez eux nulle part :* pourquoi les a-t-on frappés, eux et leurs frères

et sœurs de toutes religions et de toutes races, pourquoi les frappe-t-on encore, pourquoi les frappera-t-on demain *au milieu d'un grand silence ou d'un bavardage pharisien*, sinon parce que ce monde a été livré à une immense distraction, sinon parce que notre époque *se raidit pour atteindre l'absolu et l'empire* et veut *transfigurer le monde avant de l'avoir épuisé, l'ordonner avant de l'avoir compris ?* Camus n'est pas conservateur, non par principe, mais parce qu'il n'y a *rien à conserver*. Mais il n'a pas la vanité de vouloir refaire le monde [1] avant d'avoir reconnu et rassemblé toutes les valeurs par quoi il mérite de survivre. Pour se référer à une comparaison banale mais juste, il est l'homme à qui les arbres ne cachent point la forêt. A tout être, il apporte les raisons d'agir et les lois élémentaires, quoique oubliées, qui permettent de *recoudre ce qui est déchiré*, de rendre *la justice imaginable* et le *bonheur significatif. Naturellement, c'est une tâche surhumaine. Mais on appelle surhumaines les tâches que les hommes mettent longtemps à accomplir, voilà tout.*

Il faut croire que son œuvre n'est ni vague ni inutile, puisque tant d'hommes, et surtout de jeunes hommes, y puisent des leçons chaque jour. Ainsi qu'il l'écrivait luimême à propos du créateur, cette œuvre a reçu de sa mort un sens définitif. Il y a répété l'image de sa propre condition, fait retentir le secret dont il était le détenteur ; il a, par elle, réappris à tous que : *Si la seule solution est la mort, nous ne sommes pas sur la bonne voie. La bonne voie est celle qui mène à la vie, au soleil.*

Quand j'habitais Alger, je patientais toujours dans l'hiver parce que je savais qu'en une nuit, une seule nuit froide et pure de février, les amandiers de la vallée des Consuls se couvriraient de fleurs blanches. Je m'émerveillais de voir ensuite cette neige fragile résister à toutes les pluies et au vent de la mer. Chaque année pourtant, elle persistait juste ce qu'il fallait pour préparer le fruit.

---

1. *Chaque génération, sans doute, se croit vouée à refaire le monde. La mienne sait pourtant qu'elle ne le refera pas. Mais sa tâche est peut-être plus grande. Elle consiste à empêcher que le monde se défasse.*

Ce n'est pas là un symbole. Nous ne gagnerons pas notre bonheur avec des symboles. Il y faut plus de sérieux. Je veux dire seulement que parfois, quand le poids de la vie devient trop lourd dans cette Europe encore toute pleine de son malheur, je me retourne vers ces pays éclatants où tant de forces sont encore intactes. Je les connais trop pour ne pas savoir qu'ils sont la terre d'élection où la contemplation et le courage peuvent s'équilibrer. La méditation de leur exemple m'enseigne alors que si l'on veut sauver l'esprit, il faut ignorer ses vertus gémissantes et exalter sa force et ses prestiges. Le monde est empoisonné de malheurs et semble s'y complaire. Il est tout entier livré à ce mal que Nietzsche appelait l'esprit de lourdeur. N'y prêtons pas la main. Il est vain de pleurer sur l'esprit, il suffit de travailler pour lui.

Mais où sont les vertus conquérantes de l'esprit ? Le même Nietzsche les a énumérées comme les ennemies mortelles de l'esprit de lourdeur. Pour lui, ce sont la force de caractère, le goût, le « monde », le bonheur classique, la dure fierté, la froide frugalité du sage. Ces vertus plus que jamais sont nécessaires et chacun peut choisir celle qui lui convient. Devant l'énormité de la partie engagée, qu'on n'oublie pas en tout cas la force de caractère. Je ne parle pas de celle qui s'accompagne sur les estrades électorales de froncements de sourcils et de menaces. Mais de celle qui résiste à tous les vents de la mer par la vertu de la blancheur et de la sève. C'est elle qui, dans l'hiver du monde, préparera le fruit.

Oui, les amandiers éternellement refleurissent, le fruit est éternellement préservé, et notre honneur est de savoir et de vouloir qu'il en soit ainsi. Et notre honneur est d'approuver que ce fruit préservé par nos mains, finalement leur échappe. Il faut, avec toutes les forces de l'esprit et du cœur, dire oui au Soleil et à l'Histoire, à ce monde infini limité à notre mort individuelle.

Il faut accepter la Tragédie.

Alors, je pensais désespérément à ma ville au bord de la Méditerranée... ▶

CHRONOLOGIE

1913 7 novembre : Naissance d'Albert Camus à Mondovi, dép. de Constantine (Algérie).

1914 *Grande Guerre.* Mort de Lucien Camus, père d'Albert Camus, à la première bataille de la Marne. Mme Vve Camus vient s'établir à Alger, quartier Belcourt.

1918 Entrée d'Albert Camus à l'école communale à Belcourt.

1923 *Mai.* L'instituteur Louis Germain présente Camus à l'examen des bourses. *Octobre.* Entrée au lycée d'Alger, en qualité d'élève-boursier.

1930 Baccalauréat. Camus fait partie de l'équipe de football du Racing universitaire d'Alger. Premières attaques de la maladie.

1931 Élève de « Premières Lettres supérieures ». Rencontre du professeur et philosophe Jean Grenier.

1933 *Avènement d'Hitler au pouvoir.* Premier mariage. Camus accomplit quelques besognes administratives pour vivre.

1934 Divorce. Adhésion au Parti communiste, section d'Alger. Campagne de propagande communiste chez les Arabes.

1935 Démission du Parti communiste. Tournée théâtrale avec la troupe de Radio-Alger. Camus rédige les premières pages de L'ENVERS ET L'ENDROIT. Il fonde le Théâtre du Travail et collabore à la rédaction collective d'une pièce politique : RÉVOLTE DANS LES ASTURIES. Besognes administratives. Rapport à l'Institut météorologique sur les pressions atmosphériques dans le Sud algérien.

1936 *Avènement du Front populaire en France. Ministère Léon Blum. Révolution franquiste en Espagne.* Camus passe son diplôme d'études supérieures sur les « rapports de l'hellénisme et du christianisme à travers les œuvres de Plotin et de saint Augustin ». Publication chez l'éditeur Charlot, à Alger, de RÉVOLTE DANS LES ASTURIES. Tournée théâtrale à travers l'Algérie avec la troupe de Radio-Alger : Camus joue les jeunes premiers dans les pièces classiques. Projet d'un essai sur Malraux.

1937 Refusé pour raisons de santé à l'agrégation de philosophie. Publication de L'ENVERS ET L'ENDROIT chez l'éditeur Charlot (Alger). Fondation de *l'Équipe.* Représentations théâtrales (LA CÉLESTINE, L'ARTICLE 330, etc.).

1938 Séjour en Savoie, voyage « économique » en Italie (Florence). Camus refuse un poste de professeur au lycée de Sidi-bel-Abbès. Fondation d'*Alger républicain.* Pascal Pia engage Camus comme rédacteur-reporter. Publication de NOCES chez l'éditeur Charlot. Camus écrit CALIGULA. Il met en scène LES FRÈRES KARAMAZOV à *l'Équipe.*

1939 Camus commence à écrire L'ÉTRANGER. Rédaction du MINOTAURE OU LA HALTE D'ORAN. « ENQUÊTE EN KABYLIE ». *Alger républicain* devient *Soir-républicain. Fin de la guerre d'Espagne.*
Déclaration de guerre. Voyage en Grèce ajourné. Camus sollicite un engagement volontaire dans l'armée, mais est refusé pour raisons de santé. Démêlés avec la censure algéroise.

1940 Camus se remarie. Il est expulsé d'Alger et vient à Paris où, sur la recommandation de Pascal Pia, il entre comme secrétaire de rédaction à *Paris-Soir.* Achèvement de L'ÉTRANGER. *Offensive allemande. Entrée des troupes allemandes à Paris. Paris-Soir* se replie à Clermont-Ferrand. Camus l'y suit, puis le quitte et s'installe pour quelques mois à Lyon.
Septembre : Camus commence à écrire LE MYTHE DE SISYPHE.
Retour de Camus en Algérie. Séjour à Oran.

1941 Février : Camus achève LE MYTHE DE SISYPHE.

1942 Retour dans la métropole. En juillet, l'éditeur Gallimard publie L'ÉTRANGER.

Camus participe à la Résistance à l'intérieur du réseau « Combat ». *Débarquement allié en Algérie*. Camus est coupé de sa famille. Publication du MYTHE DE SISYPHE.

1943 Séjour dans le Massif Central pour raisons de santé. Séjours à Lyon et à Saint-Étienne. Le mouvement « Combat » délègue Camus à Paris. Il entre, en qualité de lecteur, aux éditions Gallimard. Publication clandestine de *Combat*. Publication clandestine des premières LETTRES A UN AMI ALLEMAND.

1944 Mai : Représentations du MALENTENDU au théâtre des Mathurins. Dernière LETTRE A UN AMI ALLEMAND.
Libération de Paris. 21 août : premier numéro de *Combat* diffusé librement dans la capitale. Éditoriaux de Camus.

1945 *Fin de la guerre. Hiroshima.*
Rencontre avec Gérard Philipe. Représentations de CALIGULA au théâtre Hébertot. Nombreux éditoriaux dans *Combat*.

1946 Voyage aux U. S. A. Camus prend la parole devant les étudiants américains à New York.

1947 Camus quitte *Combat* par suite du changement de direction et d'orientation politique de ce journal.
Juin : Publication de LA PESTE. Camus reçoit le Prix des Critiques.

1948 Représentation de L'ÉTAT DE SIÈGE au théâtre Marigny.

1949 Voyage en Amérique du Sud.
Décembre : Représentation des JUSTES au théâtre Hébertot.

1950 Élaboration de L'HOMME RÉVOLTÉ.

1951 Octobre. Publication de L'HOMME RÉVOLTÉ. Longues polémiques avec la presse d'extrême-gauche. A la suite d'une violente attaque de la revue *les Temps modernes*, Camus rompt avec Sartre.

1952 Novembre : Camus démissionne de l'UNESCO, qui vient d'admettre l'Espagne franquiste. L'ARTISTE EN PRISON, préface à Oscar Wilde.

1953 Juin : Émeutes à Berlin-Est. Camus prend position en faveur des émeutiers. Juillet : Retour de Camus à la mise en scène théâtrale. Festival d'Angers : LA DÉVOTION A LA CROIX, LES ESPRITS.

1954 Publication de L'ÉTÉ.
Débuts de la guerre d'Algérie.

1955 Mai : Voyage en Grèce.
Articles dans le journal *l'Express* sur le problème algérien. Représentations d'UN CAS INTÉRESSANT, de Dino Buzzati, ad. de Camus, au théâtre La Bruyère.

1956 Janvier : Voyage en Algérie.
22 janvier : Appel en faveur d'une trêve civile, à Alger. Mai : LA CHUTE.
Octobre : Représentations de REQUIEM POUR UNE NONNE, d'après William Faulkner, au théâtre des Mathurins. Novembre : *Insurrection hongroise*. Camus invite les écrivains européens à faire appel à l'O. N. U.

1957 Mars : L'EXIL ET LE ROYAUME.
Mai : RÉFLEXIONS SUR LA PEINE CAPITALE, en collaboration avec A. Kœstler.
Juillet : Festival d'Angers : CALIGULA, LE CHEVALIER D'OLMEDO.
17 octobre : l'Académie royale de Stockholm décerne le Prix Nobel de littérature à Albert Camus « pour l'ensemble d'une œuvre mettant en lumière les problèmes qui se posent de nos jours à la conscience des hommes ».
10 décembre : Albert Camus reçoit le Prix Nobel à Stockholm.
DISCOURS DE SUÈDE.

1958 Plan pour un statut politique de l'Algérie.
Publications de CHRONIQUES ALGÉRIENNES (ACTUELLES III).

1959 Février : Représentation des POSSÉDÉS au théâtre Antoine. Camus prépare un roman : LE PREMIER HOMME.
Octobre : Départ de la tournée des POSSÉDÉS en province.

1960 4 janvier : Mort d'Albert Camus.

BIBLIOGRAPHIE

Romans et Nouvelles

L'ÉTRANGER : Gallimard ; coll. « Soleil ». Le Livre de poche.
LA PESTE : Gallimard ; coll. « Soleil ». Le Livre de poche. Larousse, coll. « Nouveaux Classiques ».
LA CHUTE : Gallimard ; coll. « Soleil ». Le Livre de poche.
L'EXIL ET LE ROYAUME : Gallimard ; coll. « Soleil ». Le Livre de poche.

Essais philosophiques

L'ENVERS ET L'ENDROIT : Charlot. Rééd. avec préface : Gallimard ; coll. « Idées ».
NOCES : Charlot. Gallimard. Suivi de L'ÉTÉ, coll. « Soleil ». Le Livre de poche.
LE MYTHE DE SISYPHE : Gallimard ; coll. « Soleil » ; coll. « Idées ».
LETTRES A UN AMI ALLEMAND (textes publiés clandestinement sous l'occupation) : Gallimard.
ACTUELLES I (chroniques écrites entre 1944 et 1948, en particulier au journal Combat) : Gallimard.
L'HOMME RÉVOLTÉ : Gallimard ; coll. « Soleil » ; coll. « Idées ».
ACTUELLES II (Chroniques écrites entre 1948 et 1953. Polémiques) : Gallimard.
ACTUELLES III (Chroniques algériennes) : Gallimard, rel.
L'ÉTÉ : Gallimard.
RÉFLEXIONS SUR LA PEINE CAPITALE (en collaboration avec A. Koestler) : Calmann-Lévy ; sur vélin.
CARNETS I (Mai 1935-Février 1942) : Gallimard ; coll. « Soleil ».
CARNETS II (Janvier 1942-Mars 1951) : Gallimard ; coll. « Soleil ».

Théâtre

LE MALENTENDU (3 actes) suivi de CALIGULA (4 actes) : Gallimard ; coll. « Soleil ». Le Livre de poche.
L'ÉTAT DE SIÈGE : Gallimard ; coll. « Soleil ».
LES JUSTES : Gallimard ; coll. « Soleil ».

Adaptations théâtrales

LA DÉVOTION A LA CROIX, de Calderon : Gallimard.
LES ESPRITS, de Pierre de Larivey : Gallimard.
UN CAS INTÉRESSANT, de Dino Buzzati : Gallimard, épuisé.
REQUIEM POUR UNE NONNE, de William Faulkner : Gallimard.
LE CHEVALIER D'OLMEDO, de Lope de Vega : Gallimard.
LES POSSÉDÉS, de Dostoïevski : Gallimard. Paris-Théâtre.

Divers

ŒUVRES COMPLÈTES : Gallimard, coll. « Bibliothèque de la Pléiade », T. I : (théâtre, récits et nouvelles) : *Caligula, le Malentendu, l'État de siège, les Justes, la Révolte dans les Asturies, l'Étranger, la Peste, l'Exil et le Royaume, la Chute,* et adaptation de : *les Esprits, la Dévotion à la Croix, le Chevalier d'Olmédo, Un cas intéressant, Requiem pour une nonne.* — II (essais) : *l'Envers et l'Endroit, Noces, le Mythe de Sisyphe, Actuelles I, l'Homme révolté, Actuelles II, l'Été, Chroniques algériennes, Réflexions sur la peine capitale, Discours de Suède, Essais critiques.*
PAGES CHOISIES : Hachette, coll. « Vaubourdolle ».
DISCOURS DE SUÈDE : Gallimard.

Principaux ouvrages consacrés à Camus, sa vie, son œuvre

a) *antérieurs à sa mort*

J.-C. Brisville : CAMUS, 1959 (Gallimard, Coll. « la Bibliothèque idéale »).
Robert de Luppé : ALBERT CAMUS (éd. du Temps présent).
Roger Quilliot : ALBERT CAMUS, LA MER ET LES PRISONS, 1956 (Gallimard).

Albert Maquet : ALBERT CAMUS OU L'INVINCIBLE ÉTÉ, 1956 (Debresse).
Louis Thorens : A LA RENCONTRE D'ALBERT CAMUS, 1946 (La Sixaine, Bruxelles).
Walter Strauss : ALBERT CAMUS'S CALIGULA, 1949, Cambridge.
Wyndham Lewis : THE WRITER AND THE ABSOLUTE, 1952, Londres.
Thomas Hanna : THE THOUGHT AND ART OF ALBERT CAMUS, 1958, Chicago.
B. Bjustrom : ALBERT CAMUS, 1958, Stockholm.

b) *après sa mort*

A. Hourdin : CAMUS LE JUSTE, 1960 (éd. du Cerf).
A ALBERT CAMUS, SES AMIS DU LIVRE (Gallimard).
CAMUS (Hachette, coll. « Génies et Réalités »).
NUMÉRO SPÉCIAL DE LA TABLE RONDE, février 1960.
NUMÉRO SPÉCIAL DE LA NOUVELLE REVUE FRANÇAISE, mars 1960.
Robert Coffy : LE DIEU DES ATHÉES, 1963 (coll. « Le Fond du problème »).
Carina Gadovrek : LES INNOCENTS ET LES COUPABLES, 1963 (éd. Mouton La Haye).
André Maurois : DE PROUST A CAMUS, 1963.
CAMUS, 1964 (éd. Hachette), textes de R. M. Albérès, P. de Boisdeffre, J. Daniel,
   P. Gascar, Morvan Lebesque, A. Parinaud, E. Roblès, J. Roy, P.-H. Simon.
G. Gelinas : LA LIBERTÉ DANS LA PENSÉE D'ALBERT CAMUS, 1964 (P. U. F.).
Ginestier : LA PENSÉE D'ALBERT CAMUS, 1964 (éd. Bordas, coll. « Pour connaître »).
Philippe Rein : THE URGE TO LIVE (Camus, Kafka), 1964 (University of the North
   Carolina Press).
J. Masault : CAMUS, RÉVOLTE ET LIBERTÉ, 1965 (éd. du Centurion).
P.-G. Castex : ALBERT CAMUS ET L'ÉTRANGER, 1965 (Lib. José Corti).
J. Onimus : CAMUS, 1965 (éd. Desclée de Brouwer, « Les écrivains devant Dieu »).
Emmet Parker : ALBERT CAMUS, THE ARTIST IN THE ARENA, 1965 (University of Wis-
   consin Press).
J. Chaix-Rhuy : LE SURHOMME, 1965 (éd. du Centurion).
Jean Grenier : ALBERT CAMUS (Paris, Gallimard).

On consultera également les *Cahiers Albert Camus* (nᵒ 1 : LA MORT HEUREUSE : Gallimard,
1971).

Préfaces et articles divers

MAXIMES, de Chamfort, 1944 (éd. de Monaco).
POÈMES, de Blanche Balain, 1945 (éd. Charlot).
LE COMBAT SILENCIEUX, de A. Salvet, 1945 (le Portulan).
DIX ESTAMPES ORIGINALES, de P.-E. Clarin, 1946 (Rombaldi).
POÉSIES POSTHUMES, de René Leynaud, 1947 (Gallimard).
LAISSEZ PASSER MON PEUPLE, de J. Méry, 1947 (éd. du Seuil).
DEVANT LA MORT, de Jeanne Héon-Cannone, 1951 (Siraudeau).
CONTRE-AMOUR, de Daniel Mauroc, 1952 (éd. de Minuit).
LA MAISON DU PEUPLE, de Louis Guilloux, 1953 (Grasset).
MOSCOU SOUS LÉNINE, d'Alfred Rosmer, 1953 (éd. de Flore).
ŒUVRES COMPLÈTES de Roger Martin du Gard, 1955 (Gallimard).
LES ILES, de Jean Grenier, 1959 (Gallimard).
CAMUS DEVANT LA CRITIQUE ALLEMANDE ET ANGLO-SAXONNE, 1963 (revue des Lettres
   Modernes, nᵒˢ 90, 93).
CAMUS, de G. Rambert, 1963 (Vie enseignante).
ALBERT CAMUS DANS SA LUMIÈRE, de Laurent Gagnebin, 1964 (Cahiers de la Renaissance
   vaudoise).
et d'innombrables articles dans la presse française et étrangère.

A cette liste, il convient d'ajouter deux préfaces portant des titres à part :

L'ARTISTE EN PRISON, préface de la BALLADE DE LA GEOLE DE READING, d'O. Wilde,
   trad. J. Bour, 1952 (éd. Falaize).
LE REFUS DE LA HAINE, préface de L'ALLEMAGNE VUE PAR LES ÉCRIVAINS DE LA RÉSISTANCE
   FRANÇAISE, de Konrad Bieber, 1954 (éd. Droz).

Principales thèses sur Albert Camus

SOLITUDE AND COMMUNICATION IN THE WORKS OF ALBERT CAMUS, de Yolanda-Maria Patterson (Standford University, U. S. A.).
LE SENTIMENT D'ÉTRANGETÉ CHEZ ALBERT CAMUS (et Sartre, Malraux, S. de Beauvoir), de Brian T. Finch.
LA PENSÉE POLITIQUE D'ALBERT CAMUS, de M. Codaccini, 1966 (Aix en Provence).

Études annexes

Textes et Documents : LA RÉSISTANCE FRANÇAISE (4ᵉ trimestre 1965).
DESTINS DU ROMAN (Recherches Internationales, nᵒ 50, 1965).
B. T. Finch : CALEPINS DE BIBLIOGRAPHIE, 1965 (Minard).
A. Jeanneau : PETITS GUIDES DE LITTÉRATURE (Lanore).
G. E. Clancier : ÉCRIVAINS CONTEMPORAINS, 1965 (Stock).

Il existe en outre trois disques en français d'Albert Camus avec la voix de l'auteur :

1ᵒ) Théâtre : L'ÉTAT DE SIÈCLE, LES JUSTES, LE MALENTENDU. Essai : LE MYTHE DE SISYPHE, textes dits par : A. Camus, Dominique Blanchar, Maria Casarès, Michel Bouquet et Serge Reggiani. Philips A 76.773.
2ᵒ) ALBERT CAMUS VOUS PARLE (A. Camus, S. Reggiani, M. Casarès). Festival FLO 19.
3ᵒ) PRÉSENCE D'ALBERT CAMUS (Archives de l'ORTF). Adès. TS 30 LA 606.

ILLUSTRATIONS

L'auteur et les éditeurs remercient Madame Albert Camus ainsi que Monsieur Emmanuel Robles qui ont bien voulu les aider à réaliser ce livre.

Les pages 2 et 3 de couverture sont un cliché Keystone. Le manuscrit de la p. 2 est extrait du 1ᵉʳ Cahier (Sept. 1937). Madame Camus : p. 2, 7, 12, 14, 16, 17, 19, 22, 27, 33, 49, 58, 75, 105, 109, 120 - Emmanuel Robles : p. 24, 130, 131, 141 - Cartier Bresson/Magnum : p. 4/5, 114, 167 - Marc Riboud/Magnum : p. 8, 80/81, 126/127, 179, 182/183 - Jean Mohr : p. 84, 122 - Loomis Dean/Life : p. 146/147 - René Saint-Paul : p. 64, 69, 76 - Bernand : p. 151, 153, 156, 158, 163, 189 - Lipnitzki : p. 91, 94, 98 - Henriette Grinda : p. 29, 36 - Boudot-Lamotte : p. 30 - Bernard Rouget/ Rapho : p. 55, 71 - U. S. I. S. : p. 172 - Roger-Viollet : p. 11, 38, 42, 132 - Photo Ciné-Vendôme : p. 154.

Travaux photographiques : *Publicité R. Bardet et F. Duffort*.

CE LIVRE, LE SOIXANTE-QUATRIÈME DE LA COLLECTION « ÉCRIVAINS DE TOUJOURS », DIRIGÉE PAR DENIS ROCHE, A ÉTÉ RÉALISÉ PAR MATHILDE RIEUSSEC.

TABLE

A Angers, avec le préfet Morin qui deviendra, l'année suivante, délégué du gouvernement en Algérie.

collections microcosme
ÉCRIVAINS DE TOUJOURS

LE TEMPS QUI COURT

collections microcosme
PETITE PLANÈTE

PETITE PLANÈTE/VILLES

LE RAYON DE LA SCIENCE

SOLFÈGES

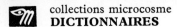 collections microcosme
DICTIONNAIRES

 ## MAITRES SPIRITUELS

ACHEVÉ D'IMPRIMER EN 1977 PAR L'IMPRIMERIE TARDY QUERCY AUVERGNE A BOURGES
D. L. 2ᵉ trim. 1965. Nᵒ 1453-10 (3911)